论企业形象

如何成为受赞誉的企业

胡钰　汪帅东　王嘉婧◎著

中信出版集团 | 北京

图书在版编目（CIP）数据

论企业形象：如何成为受赞誉的企业 / 胡钰，汪帅东，王嘉婧著 . -- 北京：中信出版社，2019.4
ISBN 978-7-5217-0026-8

Ⅰ . ①论… Ⅱ . ①胡… ②汪… ③王… Ⅲ . ①企业形象－建设－研究－中国 Ⅳ . ① F279.23

中国版本图书馆 CIP 数据核字（2019）第 024345 号

论企业形象——如何成为受赞誉的企业

著　　者：胡　钰　汪帅东　王嘉婧
出版发行：中信出版集团股份有限公司
（北京市朝阳区惠新东街甲 4 号富盛大厦 2 座　邮编　100029）
承 印 者：北京楠萍印刷有限公司

开　　本：880mm×1230mm　1/32　　印　　张：6.75　　字　　数：160 千字
版　　次：2019 年 4 月第 1 版　　印　　次：2019 年 4 月第 1 次印刷
广告经营许可证：京朝工商广字第 8087 号
书　　号：ISBN 978-7-5217-0026-8
定　　价：42.00 元

“中国道路”丛书学术委员会

“中国道路”丛书总序言

中华人民共和国成立60多年以来，中国一直在探索自己的发展道路。特别是在改革开放30多年的实践中，努力寻求既发挥市场活力，又充分发挥社会主义优势的发展道路。

改革开放推动了中国的崛起。怎样将中国的发展经验进行系统梳理，构建中国特色的社会主义发展理论体系，让世界理解中国的发展模式？怎样正确总结改革与转型中的经验和教训？怎样正确判断和应对当代世界的诸多问题和未来的挑战，实现中华民族的伟大复兴？这都是对中国理论界的重大挑战。

为此，我们关注并支持有关中国发展道路的学术中一些有价值的前瞻性研究，并邀集各领域的专家学者，深入研究中国发展与改革中的重大问题。我们将组织编辑和出版反映与中国道路研究有关的成果，用中国理论阐释中国实践的系列丛书。

“中国道路”丛书的定位是：致力于推动中国特色社会主义

道路、制度、模式的研究和理论创新，以此凝聚社会共识，弘扬社会主义核心价值观，促进立足中国实践、通达历史与现实、具有全球视野的中国学派的形成；鼓励和支持跨学科的研究和交流，加大对中国学者原创性理论的推动和传播。

“中国道路”丛书的宗旨是：坚持实事求是，践行中国道路，发展中国学派。

始终如一地坚持实事求是的认识论和方法论。总结中国经验、探讨中国模式，应注重从中国现实而不是从教条出发。正确认识中国的国情，正确认识中国的发展方向，都离不开实事求是的认识论和方法论。一切从实际出发，以实践作为检验真理的标准，通过实践推动认识的发展，这是中国共产党的世纪奋斗历程中反复证明了的正确认识路线。违背它就会受挫失败，遵循它就能攻坚克难。

毛泽东、邓小平是中国道路的探索者和中国学派的开创者，他们的理论创新始终立足于中国的实际，同时因应世界的变化。理论是行动的指南，他们从来不生搬硬套经典理论，而是在中国建设和改革的实践中丰富和发展社会主义理论。我们要继承和发扬这种精神，摒弃无所作为的思想，拒绝照抄照搬的教条主义，只有实践才是真知的源头。“中国道路”丛书将更加注重理论的实践性品格，体现理论与实际紧密结合的鲜明特点。

坚定不移地践行中国道路，也就是在中国共产党领导下的中国特色社会主义道路。我们在经济高速增长的同时，也遇到了来自各方面的理论挑战，例如将改革开放前后两个历史时期彼此割裂和截然对立的评价；例如极力推行西方所谓“普世价值”和新自由主义经济理论等错误思潮。道路问题是大是大非问题，我们的改革目标和道路是高度一致的，因而，要始终坚持正确的改革方向。历史和现实都告诉我们，只有社会主义才能救中国，只有社会主义才能发展中国。在百年兴衰、大国博弈的历史背景下，中国从积贫积弱的状态中奋然崛起，成为世界上举足轻重的大国，成就斐然，道路独特。既不走封闭僵化的老路，也不走改旗易帜的邪路，一定要走中国特色的社会主义正路，这是我们唯一正确的选择。

推动社会科学各领域中国学派的建立，应该成为致力于中国道路探讨的有识之士的宏大追求。正确认识历史，正确认识现实，积极促进中国学者原创性理论的研究，那些对西方理论和价值观原教旨式的顶礼膜拜的学风，应当受到鄙夷。古今中外的所有优秀文明成果，我们都应该兼收并蓄，但绝不可泥古不化、泥洋不化，而要在中国道路的实践中融会贯通。以实践创新推动理论创新，以理论创新引导实践创新，从内容到形式，从理论架构到话语体系，一以贯之地奉行这种学术新风。我们相信，通过艰苦探索、努力创新得来的丰硕成果，将会在世界话语体系的竞争中造就立足本土的中国学派。

“中国道路”丛书具有跨学科及综合性强的特点，内容覆盖面较宽，开放性、系统性、包容性较强。其分为学术、智库、纪实专访、实务、译丛等类型，每种类型又涵盖不同类别，例如在学术类中就涵盖文学、历史学、哲学、经济学、政治学、社会学、法学、战略学、传播学等领域。

这是一项需要进行长期努力的理论基础建设工作，这又是一项极其艰巨的系统工程。基础理论建设严重滞后，学术界理论创新观念不足等现状是制约因素之一。然而，当下中国的舆论场，存在思想乱象、理论乱象、舆论乱象，流行着种种不利于社会主义现代化事业和安定团结的错误思潮，迫切需要正面发声。

经过60多年的社会主义道路奠基和30多年的改革开放，我们积累了丰富的实践经验，迫切需要形成中国本土的理论创新和中国话语体系创新，这是树立道路自信、理论自信、制度自信、文化自信，在国际上争取话语权所必须面对的挑战。我们将与了解中国国情，认同中国改革开放发展道路，有担当精神的中国学派，共同推动这项富有战略意义的出版工程。

中信集团在中国改革开放和现代化建设中曾经发挥了独特的作用，它不仅勇于承担大型国有企业经济责任和社会责任，同时也勇于承担政治责任。它不仅是改革开放的先行者，同时也是中国道路的践行者。中信将以历史担当的使命感，来持续推动中国道路出版工程。

2014年8月，中信集团成立了中信改革发展研究基金会，构建平台，凝聚力量，致力于推动中国改革发展问题的研究，并携手中信出版社共同进行“中国道路”丛书的顶层设计。

“中国道路”丛书的学术委员会和编辑委员会，由多学科多领域的专家组成。我们将进行长期的、系统性的工作，努力使“中国道路”丛书成为中国理论创新的孵化器，中国学派的探讨与交流平台，研究问题、建言献策的智库，传播思想、凝聚人心的讲坛。

孔丹

2015年10月25日

目录

Contents

第一章　企业形象理论建构：内涵与体系 / 1

第一节　企业形象的概念 / 1

第二节　企业形象的构成要素 / 8

第三节　企业形象的具体功能 / 10

第二章　企业声誉理论建构：认知与评价 / 25

第一节　企业声誉的概念 / 26

第二节　企业声誉的关联因素 / 28

第三节　企业声誉的评价指标 / 30

第三章　企业传播理论建构：维度与框架 / 47

第一节　企业传播多视角研究 / 48

第二节　企业传播的认识维度 / 49

第三节　企业传播研究新框架 / 52

第四章　国外企业声誉建构：启示与借鉴 / 59

第一节　日本企业声誉的哲学建构 / 60

第二节　美国企业声誉的文化建构 / 75

第三节　德国企业声誉的科学建构 / 82

第五章　国企形象建设体系：挑战与规律 / 91

第一节　国企的改革历程与存在价值 / 91

第二节　国企形象面临的负面舆情与成因分析 / 99

第三节　国企形象的体系建设与战略目标 / 109

第六章　企业形象的创意传播：策略与实施 / 145

第一节　企业形象的传播策略 / 145

第二节　“国资小新”的创意传播 / 163

第三节　“走进新国企”创意传播 / 181

第一章

企业形象理论建构：内涵与体系

第一节　企业形象的概念

企业形象建设兴起于欧美国家，距今已有百余年的历史。18世纪以后，随着工业化程度的不断深入，企业之间的市场竞争日趋激烈，仅以商标为主的宣传手段已经无法满足企业持续发展的需要，因此探索新的经营路径成为企业经营者不得不认真思考和应对的课题。1907年，受埃米尔·拉斯劳（Emil Rathenau）的邀请，被称作“德国现代设计之父”的彼得·贝伦斯（Peter Behrens）为德国电器工业公司（AEG）设计出第一套完整的CIS（企业识别系统），开创了现代企业识别计划的先河。第二次世界大战后，欧洲经济复苏缓慢为美国经济的快速发展创造了前所未有的机遇。随着物质生活水平的不断提高，各类消费品的需求愈发强烈，促进了生产经营活动快速发展，市场竞争的加剧也使得美国企业逐渐意识到企业形象建设的重要性，美国国际商用机器公司（IBM）、美孚石油公司、万宝路等企业均开始着手导入企业形象设计，及至20世纪70年代可口可乐公司革新了企业标志后，3M公司、克莱斯勒等公司竞相效仿，在全球掀起了一轮企业形象设计的热潮。

作为世界第二大经济体，中国已经深度融入国际资本市场，企业形象建设越来越受到中国企业与中国学者的重视。事实上，中国人的企业形象意识肇始于20世纪70年代制造业发展蒸蒸日上的台湾，到了80年代，“企业形象”的概念传入内地并始受到学界关注。关于“企业形象”的定义，国内最早触及的领域是公共关系领域，1986年，中国社会科学院新闻研究所公共关系课题组编写的《公共关系概论》把企业形象视为社会公众和企业职工对企业整体的印象和评价。① 20世纪90年代以后，以企业形象为主题的著述层见叠出，例如，1991年熊源伟在《企业形象》一书中简明扼要地提出，企业形象就是各类企业公众对该企业综合认识后形成的最终印象。② 1994年，高立胜提出：“企业形象是企业在其生产经营过程中，通过与其内外部公众的交往活动而展现出来的企业整体面貌和基本特征，以及公众对此产生的印象和评价。”③ 1995年，田平等学者认为企业形象是“消费

① 中国社会科学院新闻研究所公共关系课题组．塑造形象的艺术——公共关系学概论［M］．北京：科学普及出版社，1986：34.

② 熊源伟．企业形象［M］．广州：中山大学出版社，1991：13.

③ 高立胜．企业形象［M］．沈阳：辽宁人民出版社，1994：4－5.

者、社会公众以及企业内部职工和企业相关的部门与单位对企业、企业行为、企业的各种活动成果所给予的整体评价与一般认定”。① 次年，王宛玲等学者在《企业形象策划与传播》一书中沿用了该定义。1997 年，高树军、杨淑霞等学者指出：“企业形象又称企业形象系统，它所涉及的范围广泛，内容丰富，是一种复合指标体系。具体来说，企业形象是社会大众以及企业内部员工和企业相关的部门与单位对企业、企业行为、生产经营活动的成果所给予的整体评价与一般认定。也就是通过各种标志，如企业标志、产品商标、广告、营销策略和企业文化建设等建立起人们对企业的总体印象和评价。”② 同年，高树军等学者立足于“形象工学”较有创见地提出，企业形象是企业评价的一种，换言之，企业形象可以定义为潜在销售额、潜在资产。潜在销售额、潜在资产就是依据企业传递出来的“情报之质与量”的变数所衍生的统计数值，即：在企业情报投资活动的结果上，可以探讨出其所形成的企业形象。在潜在销售的观念上，企业形象可视为企业业绩的先行指标，也是对业绩有重大影响的无形资产。③ 总体而言，20 世纪国内学者对“企业形象”的认知和表述大同小异，可大致概括为对企业综合认知后的评价和印象。

21 世纪以来，国内学界有关企业形象的研究成果越来越多，与此同时，有关企业形象概念的阐述也越来越精细化，例如，

① 田平，余以游，陈晓永．企业形象策划［M］．北京：中央编译出版社，1995：10.
② 高树军，杨淑霞，孙海杰．企业形象策划［M］．保定：河北大学出版社，1997：1.
③ 汪文博．中外名牌与企业形象策划［M］．北京：中国广播电视出版社，1997：208.

2001 年，陶勤海、应勤俭等学者分别从哲学、美学、管理学、心理学与营销学五个维度阐释了企业形象，并在此基础上提出企业形象的内涵："从企业内部看，企业形象是企业的卓越管理、潜在效率、经济效益和无形资产等的总和。从企业外部看，企业形象是社会公众对企业及其管理理念、行为及表现方式所产生的各种印象、观念、情感和意志的总和。"① 显然，陶勤海等学者提出的概念是基于企业形象的"自塑"和"他塑"两个视角来描述的，较之先行研究更加全面而具体。2003 年，来永宝从企业文化与企业形象的关系出发，也颇有新意地提出，"企业形象无疑是社会公众对企业文化、企业内在精神的看法和评价。企业文化包括企业积极的价值观和行为准则、创新和开拓精神、诚实守信的经营作风等。由企业文化形成企业精神，体现出来的就是企业形象"。② 2008 年，白玉、吕浩为企业形象所下的定义简明扼要，高度概括了具体问题及主要内容，他们认为企业形象是"社会公众及企业成员，通过直接或间接的方式与渠道接触并了解到企业的种种活动与实态（如产品、产品包装、商标、企业外观、员工行为、经营风格等），经过思维与情感的加工、处理而形成的对企业的总体印象和评价"。③ 2014 年，王富祥、刘铁军

① 陶勤海．企业形象设计［M］．上海：立信会计出版社，2001：1－5.

② 来永宝．塑造企业形象——21 世纪企业发展战略［M］．厦门：厦门大学出版社，2003：32－33.

③ 白玉，吕浩．企业形象策划（第 2 版）［M］．武汉：武汉理工大学出版社，2008：9.

从主观和客观两个层面介绍了企业形象的含义，突出了企业形象的基本属性和本质特征，更加严密且科学："从客观上看，是企业的本质属性显露在外的特征和表象；从主观上看，是社会公众（含企业内部员工）对企业的一切活动及其表现出的属性和特征的总体认识和评价，这种认识和评价形成了人们的印象、舆论和对企业的态度。企业关系者（顾客、中间商、供应商、媒体、政府等）对企业的整体感觉、印象和认识，对企业的生存和发展起着非常重要的作用。"① 诚然，企业形象的构成一方面来自企业客观的组织架构、治理结构与经营机制，另一方面则源自社会公众的褒贬与夺。也就是说，企业形象具有主观性和客观性的双重属性，所以对其概念的阐释也应该坚持主观与客观的统一。

长期以来，很多国内学者对"企业形象"和"品牌形象"的理解和运用不分轩轾，这种情况频频出现在各类学术成果中，实际上这两个概念的指向和范畴不尽相同，之所以出现大量的混用现象，主要是因为研究者缺乏对"企业形象"与"品牌形象"两个概念的辨析意识。迄今为止，有关"品牌"的研究成果已屡见不鲜，给"品牌"下的定义也是不一而足。现代企划鼻祖斯蒂芬·金（Stephen King），清晰地划分了"产品"和"品牌"的区别："产品是工厂所生产的东西，品牌是消费者要购买的东西。产品是可以被竞争者模仿的，品牌却是独一无二的。产品极

---

① 王富祥，刘铁军．企业形象策划（第2版）［M］．武汉：武汉理工大学出版社，2014：1－2.

易过时落后，但成功的品牌却能长久不衰。”① 美国市场营销协会（AMA）（1960）把品牌定义为：品牌是用以识别一个或一群产品或劳务的名称、术语、象征、记号或设计及其组合，目的是与其他竞争者的产品或劳务相区别。② 美国学者凯文·莱恩·凯勒（Kevin Lane Keller）是营销沟通与战略品牌管理研究的先驱者之一，他认为品牌是区别一个产品与其他产品的特征。③ 其合作伙伴营销大师菲利普·科特勒（Philip Kotler）认为“品牌是一种名称、名词、符号、设计或是它们的组合运用，其目的是辨认某个销售者或某群销售者的产品，并使之同竞争对手的产品区别开来”，并指出品牌是一个复杂的符号，能表达出属性、利益、价值、文化、个性和使用者六层意思。④ 品牌专家戴维·阿克（David A. Aaker）提出：“品牌是产品、符号、人、企业与消费者之间的联结和沟通。也就是说，品牌是一个全方位的架构，涉及消费者与品牌沟通的方方面面，并且品牌更多地被视为一种‘体验’，一种消费者能亲身参与的更深层次的关系，一种与消费者进行理性和感性互动的总和，若不能与消费者结成亲密关系，产品就从根本上丧失了被称为品牌的资格。”⑤ 被称为“广

---

① 李海鹏．企业品牌竞争力测评研究［D］．辽宁大学博士论文，2012：15.

② 菲利普·科特勒，凯文·莱恩·凯勒．营销管理（第13版）［M］．王永贵等，译，上海：上海人民出版社，2009：274.

③ Kevin Lane Keller. Strategic Brand Management［M］. Prentice Hall Inc，1998：2.

④ 菲利普·科特勒．营销管理——分析、计划、执行和控制（第九版）［M］．上海：上海人民出版社，2000：415－416.

⑤ 余明阳，朱纪达，肖俊菘．品牌传播学［M］．上海：上海交通大学出版社，2005：2.

告教父”的戴维·奥格威（David Ogilvy）认为，品牌是一种错综复杂的象征，是属性、名称、包装、价格、历史、声誉、广告风格的无形组合。[①] 综上可知，品牌是一种区分标识，也就是说，同种产品可以有无数种品牌，同行企业之间的竞争实际上是品牌之间的竞争，塑造良好的品牌形象不仅能够使消费者快速辨识产品、降低购买风险，同时也可为企业创造更多的经济价值。

关于品牌形象的定义，一些学者对相关概念进行了归纳和分类，并在此基础上提出，品牌形象是消费者所持有的对品牌的概念，也是消费者由理性或情绪化的解释所形成的主观和知觉的现象，其并非来源于产品的技术、功能或物质属性，而是受市场活动、环境变量和知觉特征的影响而形成。[②] 凯勒（1993）认为，品牌形象是指存在于消费者记忆中的，关于一个品牌的总体印象，影响因素包括消费者对品牌的态度、由于购买该品牌产品而产生的效用和对品牌的总体感受，既包含企业品牌的外在要素，如品牌名称、商标、品牌用语、产品功效等，同时又包含品牌个性、品牌文化等内在要素。[③] 总而言之，品牌形象是消费者对品牌的总体认知和效果评价，其核心是产品形象，由此可知，企业形象与品牌形象的指向和范围并不相同，品牌形象是企业形象的

① 菲利普·科特勒. 营销管理——分析、计划、执行和控制（第九版）［M］. 上海：上海人民出版社，2000：694.

② Dobni，Zinkhan. In Search Of Brand Image：A Foundation Analysis［J］. *Advances in Consumer Research*，1990，17（1）：110－119.

③ 张放. 企业品牌竞争力及其评价研究［D］. 武汉理工大学博士论文，2010：35.

构成因子，也是决定企业形象优劣的基础要素。

第二节　企业形象的构成要素

“企业形象的建立就如同鸟儿筑巢一样，从我们随手撷取的稻草杂物中建立而成。别小看了这些稻草杂物般的细枝末梢，正是它们奠定了企业形象的坚实基础。”① 毋庸赘述，企业形象并不是单一的内涵范畴，而是一个包括多重要素的复合范畴。在既有学术成果中，罗长海和林坚系统地阐述了企业形象的构成，基于不同的认知视角，他们把企业形象划分为客观企业形象、主体企业形象与社会企业形象三个部分。具体而言，客观企业形象是一个企业实际存在的文明总体状态，是企业文化系统中各个要素（物质化要素、品质化要素、催化性要素、种子要素、习俗化要素）的综合表现；主体企业形象是指企业的职工、管理者和股东对该企业综合认识以后形成的总印象，是客观企业形象在企业主体头脑中的反映和评价，具体涉及客观企业形象本身、主体对客观企业形象的认识程度、理想的企业形象以及如何进行对比的方法因素；社会企业形象是一个企业在该企业人员以外的公众心目中，主要是在顾客、社区居民和政府公务人员心目中所留下的印象，或者说是客观企业形象在社会公众头脑中的反映。②

---

① 隋岩，张丽萍．企业形象的碎片化呈现与传播［J］．新闻大学，2013（5）：126.

② 罗长海，林坚．企业文化要义［M］．北京：清华大学出版社，2003：186－190.

除上述认知视角外，还可从具体的感知要素出发，将企业形象视作产品形象、服务形象、环境形象、员工形象的复合集成体。产品形象是指消费者对产品的品牌、质量、性能、造型、包装等要素的客观印象，具体包括视觉形象、品质形象与社会形象。产品形象既是构成企业形象的核心内容，也是塑造企业形象的基础要素，唯以功能和影响论之，产品形象决定着企业形象的优劣，更直接关系到企业发展的前途和命运；服务形象是指消费者对企业员工在经营活动过程中表现出的服务理念、服务态度、服务意识、服务行为与服务质量所形成的主观印象。古人云："经营信为本，买卖礼当先。"良好的服务态度不仅是塑造美好服务形象的前提，更是增强企业竞争力与提升企业美誉度的关键；环境形象是指企业进行生产经营、从事服务活动的场所和设施给消费者留下的外部印象，它是企业现代文明程度的直接体现，具有规范、引导、驱动、凝聚和吸引五大功能。不胜枚举的案例证明，企业环境的好坏是决定产品质量的重要因素，如果员工在光线昏暗、凌乱不堪的生产环境中作业，那么发生质量安全事故的概率肯定较高，反之则不然；员工形象则是指企业管理者及员工所表现出的职业素养、着装仪表和精神面貌，如果管理者拥有良好的个人形象，那么他就能起到率先垂范的作用，有利于增强企业的内部凝聚力，员工作为企业生产活动的执行者，更能真实地反映企业形象，所以无论是企业领导者还是员工，都应该加强自我修养，不断提升个人形象。

第三节　企业形象的具体功能

任何企业的健康持续发展都离不开企业理念的指引、企业文化的支撑以及企业形象的塑造，如果把企业形象比作一把雨伞的“伞面”，那么企业理念就是撑持企业形象的“伞柄”，而企业文化便是支撑企业形象的“伞骨”。一个成功的企业不仅要有稳固的“伞柄”和“伞骨”，更要有结实的“伞面”，才能从容面对多变的市场环境，也才能沉着应对突如其来的危机冲击，就此而言，塑造良好的企业形象对于企业的健康发展至关重要。如今，中国处于从工业社会向信息社会快速转型的过程之中。对于现代企业而言，“酒香不怕巷子深”的经营理念已是明日黄花，除提供优质的产品和服务外，积极主动地塑造和传播企业形象，既是推动企业发展壮大的必由之路，也是增强企业国际竞争力的不二法门，所以企业形象应该被当作企业经营活动最宝贵的资源加以开发利用。如前文所述，企业形象具有主观和客观双重属性，故它具有对内和对外两种功能。

从对内功能来看，首先，良好的企业形象能够加强员工对企业的信任感、归属感以及责任感，有效提升企业的内部凝聚力和外部竞争力。日本丰田汽车公司之所以能够在短短 30 年间从默默无闻的小汽车厂一跃成为世界级的汽车公司，就与其对内重视企业形象塑造密不可分。一方面，公司通过建立娱乐社团组织等方式使员工产生强烈的归属感；另一方面，企业通过制定合理的规章制度使员工感受到每个产品都凝结着自己的智慧和汗水，进而使其产生“丰田人”的自豪感和共存感，由此形成的内部凝聚力为企业赢得战略性竞争优势提供了可靠保证。其次，良好的企业形象能够增强股东的投资信心和的消费者的好感，提高企业的融资能力，提升企业的发展速度。山西第一家中外合资企业华杰电子有限公司曾于 20 世纪八九十年代叱咤风云，取得了辉煌的成就，这与其注重企业形象的塑造不无关系。当时，该公司专门设立公关部，负责日常的公关工作，这为企业赢得了政府、消费者及供应商的信任和好感，同时也使外商在企业开工半年后就收回了全部投资，开工一年，公司就创利税近 500 万元，一跃成为全国最大的电子表生产商，产品远销美国、印度尼西亚、巴西以及欧洲等 20 多个国家和地区，先后获得了欧洲共同体颁发的“质量优异奖”、美国洛杉矶阿拉斯加电子产品展评“高品质奖”、巴西狂欢节委员会颁发的电子表“高质量奖”等诸多国际大奖。

从对外功能来看，首先，良好的企业形象能够快速化解危机，容易赢得公众的谅解。因优质服务而备受赞誉的餐饮公司海底捞一直是同行效仿的典范，然而，2017 年《法制晚报》报道的《记者历时 4 个月暗访海底捞：老鼠爬进食品柜火锅漏勺掏下水道》这则新闻却引爆了各大新闻媒体网站，海底捞遂被推到风口浪尖。事件发生 4 个小时后，海底捞就在官方微博发布《关于海底捞火锅北京劲松店、太阳宫店事件的致歉信》，因反应迅速且态度诚恳，短短几个小时就获得 2 万多人点赞以及 7000 余人转载、消费者情绪得到暂时性缓解。事件发生 6 个半小时后，海底捞发布处理通报，网络舆论出现反转，及至次日上午谅解之声盖过批评之声。事件发生第 3 日，海底捞又以“关于积极落实整改，主动接受社会监督的声明”表示，愿意接受全社会监督并将持续提供良好服务，危机也就此化解。其次，良好的企业形象可以增强消费者对产品的信任，促使消费者再次购买，同时也能够赢得供应商的信赖，建立长期稳定的供销关系，使企业运转更加稳健顺畅。河南民权葡萄酒厂是我国最早成立的葡萄酒企业之一，曾缔造了“长城”“民权”等一系列知名品牌，至今已获 60 余项国际国内大奖，产品远销日、美、德等 20 多个国家和地区。河南民权葡萄酒厂在原料收购上，与广大果农签订“保底不封顶”的收购合同，为果农提供便利服务。在产品销售中，努力减少客户的损失，打破质量保鲜期的规定及采取包退包换等措施，维护了企业形象，也为企业带来了更大的经济效益和更广阔的市场。

☑ 延伸阅读

央企形象与国家形象

胡　钰

国家形象是多维度的，包括政府维度、企业维度、文化维度等。[①] 在经济全球化的背景下，企业维度已经成为认知国家形象

① 范红，胡钰．如何认识国家形象．全球传媒学刊播［J］．2015（4）：35.

的突出维度，好的企业品牌、产品品牌是好的国家形象的重要支撑。

一、央企形象与国家形象的关系

企业以自己的产品及服务参与国家形象的塑造与传播，成为认知国家形象的重要载体。对许多开拓国际市场的企业来说，企业的产品和服务直接接触国外用户，这些与国外公众接触的员工和产品，是人们感知企业形象、进而感知国家形象的窗口。随着全球市场的形成，国际分工的普及，消费者接触国外企业、产品、服务的机会越来越多，这种机会使得企业越来越成为所属国家形象最活跃、最普遍的代言人。

国家形象是宏观的、抽象的，而企业形象是微观的、具体的，通过这些企业形象，国家形象得到生动的展示，比如美国的微软、苹果，日本的索尼、丰田，韩国的三星、LG 等都是其国家形象的良好代言人。

央企往往处于国民经济命脉的行业，体量大、责任大、影响大，其特殊性质决定了，在国内，央企是政府形象的重要展现；在国外，央企是中国形象的重要展现。

央企是政府的经济载体，发挥着贯彻落实中央经济战略和政策的重要职能。比如，成立于 2000 年的中国储备粮管理总公司（以下简称“中储粮”），是国家调控粮食市场的重要载体，在搞好国家粮食储备、服务国家宏观调控、维护粮食市场稳定、实现国有资产保值增值等方面肩负重大职责。中央对中储粮提出的要求就是：“确保中央储备粮数量真实、质量良好，确保国家需要时调得动、用得上。”这“两个确保”对中储粮是这样的，对所有央企都有同样的“确保国家需要时调得动、用得上”的要求。在这种情况下，央企的一举一动都关系到政府形象。笔者曾经去中储粮直属粮库调研，深感企业仓储管理的规范化和精细化水平之高，电子粮情监测、低温控温储粮、氮气储粮等一批先进技术得到广泛应用，令人赞不绝口。但企业在收购、存储中出现的局部问题，也会迅速被公众放大，不但影响企业形象，对内还会影响政府形象，对外影响国家形象。

央企是国家“走出去”的战略力量，发挥着推动中国经济融入全球化的重要职能。目前，中国经济总量在世界位居第二，以央企为代表的中国大企业“走出去”的数量也越来越多，逐渐成为参与全球竞争的重要力量。据统计，截至 2014 年年底，国务院国资委监管的中央企业已在境外设立 8515 家分支机构，分布于全球 150 多个国家和地区，其中 80 多家央企已在“一带一路”沿线国家设立分支机构，中央企业境外资产总额、境外营业收入和境外利润总额分别占中央企业总资产、总营业收入和利润总额的 12.7%、18.3%和 8.6%。①

从“一带一路”倡议的实施中就能看出，央企在推动“一带一路”建设中发挥着先锋队和主力军的作用。在高铁、核电、电网、桥梁、港口、基础建设等重大合作领域，央企都占据着不

① 华晔迪．国资委发布央企“一带一路”路线图 已在境外设立 8515 家分支机构［EB/OL］．2015－07－14. http：//news. xinhuanet. com/fortune/2015－07/14/c_1115923647. htm.

可替代的核心地位。在这种情况下，央企形象已经与中国形象紧密联系在一起。央企形象好，国家形象就提升；央企形象不好，国家形象就下降。

央企在海外是企业社会责任的积极履行者。笔者曾去澳大利益和新西兰调研央企海外形象建设情况，深感好的央企形象与好的国家形象紧密相关。调研中的央企都能够坚持合规经营，诚实守信，尊重所在国习俗，保护当地环境，维护当地员工权益，提高本土化率，积极参与社区建设，力所能及地支持所在国公益慈善事业，积极融入当地社会。这些不但树立了中国企业负责任的国际形象，更重要的是，树立了中国负责任的大国形象。调研中，当地官员和社区组织都对中国企业和中国给予充分认同。

这些央企在海外要得到认可，有机融入和持续扎根当地社会，就需要树立清晰、良好的企业形象，不但成为优质产品和优质服务的提供者，还要成为合规经营者、环境保护者、社区建设者、文化交流者、公共传播者。①

二、央企形象建设的现状

改革开放特别是20世纪90年代末以来，央企通过深化改革，企业实力逐渐增强，国际竞争力迅速提高，但发展中仍存在明显的不平衡问题：软实力与硬实力不平衡，美誉度和贡献度不平衡。具体来看，央企在国内乃至全球扩张很快，盈利很多，贡

---

① 胡钰．中国企业海外形象建设：目标与途径．中国软科学［J］．2015（8）：103－105.

献很大，但企业声誉并没有相应提升，企业形象总体上还处于模糊甚至负面的阶段。

从当代企业形象建设的规律看，“创新”与“责任”是两个主要的维度。企业的创新形象与社会责任形象好了，就可以支撑起企业的整体形象。而从央企的形象建设来看，这两方面的形象还未充分树立起来。央企有许多标志性的企业品牌，比如航天、高铁、核电等领域的央企不但在国内而且在全球都是技术领先的，具有很强的创新力，它们的创新故事很生动，也充分展示了企业的创新形象。如果把这些企业的创新故事讲好了，就可以把这些企业形象树起来，也就可以成为当代中国形象的闪亮名片。但从社会舆论来看，央企的“垄断之名”大于“创新之实”，笔者曾经在大学课堂上讲述央企的创新，但学生们的提问常常是央企的垄断、腐败与低效。而从国际舆论来看，对中国央企的创新能力评价也较低。同时，央企的社会责任形象也不乐观。根据人民网2015年发布的央企社会形象报告，在“社会责任”中，央企的担当却换来网民舆论场的集体失声。2014年发生了两起重大事件：一起为马航MH370失联，另一起为云南鲁甸发生6.5级地震。在这两起事件中，央企均承担了“排头兵”的作用。从报道数量上来看，虽然官方媒体积极宣传央企在突发事件中的作用，但部分媒体对于中央企业的成就、贡献、社会责任等正面信息较少着墨。同时，在舆论场中，仍有大部分网友在媒体“倾向性”报道的影响下，认为中央企业对社会所做的贡献与它们占有的社会资源、享受的各种政策优势并不相称，忽视央企在上述事件中所起到的重要作用。①

没有良好的企业形象，企业根本无法在当地持续立足，甚至会出现项目投资已经投出、项目已经开工很久，但还依然被强行中断的情况。如果没有科学、有效、持续的企业形象公关策略，企业根本无法树立良好形象，单纯地投些广告、做些好事，已经远不能赢得公众发自内心的认可。要树立央企良好的全球形象，关键是要从战略上重视企业外宣和形象建设。笔者在中国铁道建设总公司调研中发现，这家企业在《财富》杂志发布的“2015年世界500强排行榜”中排第79位，企业有500多个海外项目，业务覆盖80多个国家和地区，企业坚持“干工程、立丰碑、抓宣传、树形象”的理念，把企业外宣纳入国家“大外宣”格局中，增强国际传播意识，加强与海外及当地媒体的联系，宣传企业合规经营、提供就业、互惠共赢、履行社会责任等成果，积极树立企业良好形象，也很好地保证了企业项目的顺利进行。

进入“十三五”，国务院国资委进一步提出央企的发展目标是：“在国际化经营中模范履行社会责任，贡献具有国际水平的社会责任管理模式和实践经验，具备较强的国际竞争力和市场美誉度，成为全球受尊敬的企业。”② 央企要在“全球受尊敬”，就不但要有好业绩，而且要有好行为，更要有好声音，把这种好业

① 人民网舆情监测室．央企社会形象的舆情特点［EB/OL］．2015-04-08. http：//yuqing. people. com. cn/n/2015/0408/c395291－26815686. html.

② 王文斌．加强战略引领 深化责任融入 不断提高中央企业可持续发展能力［EB/OL］．2015－12－02. http：//www. sasac. gov. cn/n85881/n85901/c2144044/content. html.

绩和好行为展示出来，才能提升企业声誉，树立企业形象。推动央企成为具有好业绩、好行为、好声音的“三好企业”，已经成为树立央企良好形象的根本要求。在树立企业海外形象方面，央企要树立清晰的目标，掌握基本的规律，努力做到战略上更加主动、体系上更加健全、手段上更加专业，这样才能逐步获得社会的认可，获得较高的美誉度。

三、央企海外形象建设的目标

在“走出去”的过程中，央企需将树立企业海外形象作为企业核心战略来对待，既要做好企业的产品和服务，又要主动、全方位地树立企业形象；既要保持鲜明的中国文化特征，又要积极融入当代的社会文化中。央企要重视企业传播，把对外传播、社会沟通作为提升企业竞争力的重要战略。“利益相关者理论已经在实践中显示出，企业传播管理是一种履行公共责任和义务的做法，不论是对内部和外部都是如此，这种做法是以可靠的研究为基础的。”① 从当今国际竞争态势与树立良好中国国家形象的视角来看，央企海外形象建设有三大目标：提升企业全球声誉，成为全球企业公民，担当国家形象代言人。

一是提升企业全球声誉。企业声誉是企业重要的无形资产，体现了企业获得的认同、信任和尊敬。如果把企业形象比作楼房，企业声誉就是地基，只有地基足够实，楼房才能足够高。中

---

① 桑德拉·奥利弗. 企业传播：原则、方法与战略［M］. 谢新洲，王金媛，译. 北京：北京大学出版社，2005. 185.

国企业的全球声誉是指，当把企业置于全球竞争的背景下，从全球公众和利益相关方的视角来看，企业在全球范围内获得认同、信任和尊敬的程度。笔者研究了国际上现有的涉及企业声誉的评价榜单，结合当前全球企业竞争态势，认为中国企业全球声誉可以从“经营业绩”“创新能力”“社会责任”“战略传播”四个维度进行评价和建设。具体来看，经营业绩包括产品与服务质量、财务表现、管理水平、人才吸引力，创新能力包括技术创新、产品创新、商业模式创新，社会责任包括合规经营、环境保护、社区融入、社会公益，战略传播包括品牌传播、形象公关、危机管理。

二是成为全球企业公民。企业公民是一种发展理念，也是一种核心价值观，即企业商业行为与社会持续发展的紧密结合。对企业来说，仅仅考虑自身的利润获得，难以获得社会的尊重，也难以使企业保持健康持续发展。2002 年，在世界经济论坛上，40 多位国际企业首席执行官联合签署的声明表示：“在公司经营过程中要致力于成为全球企业公民。在某种意义上，我们如此做的最大贡献在于有益于倡导遵纪守法，提供安全低成本的产品和服务，创造就业和财富，支持培训和技术合作，反映在环境、伦理、劳动和人权等方面的国际标准和评价。在我们投资和经营的任何地方，尽可能地提高企业经营活动的正效应，最小化对人类和环境的负面影响。”① 对参与全球竞争的央企来说，要树立全

① 陈宏．国外企业公民研究述评．经济研究导刊［J］．2012（5）：36.

球企业公民理念，才能获得不同国家的认可，扎根于文化多样化的人群中。对优秀的全球企业公民来说，不仅要有强大的国际经营能力，还要在全球范围内为社会进步和人类文明做出更大贡献。

三是担当国家形象代言人。央企形象是国家形象的重要组成部分，央企也是国家形象的重要塑造者。央企的高品质产品和服务、良好社会责任履行展示了中国负责任的大国形象，央企的创新力、竞争力也展示了中国的社会主义大国形象。2015 年 4 月 20 日，中国和巴基斯坦联合发布《中华人民共和国和巴基斯坦伊斯兰共和国关于建立全天候战略合作伙伴关系的联合声明》，其中提出："巴方将坚定支持并积极参与'一带一路'建设。丝路基金宣布入股三峡南亚公司，与长江三峡集团等机构联合开发巴基斯坦卡洛特水电站等清洁能源项目，这是丝路基金成立后的首个投资项目。"相关媒体对此发表的评论指出："三峡集团海外项目进入中外政府间联合声明，是三峡集团发展史上的第一次，也是中国水电界的第一次。这充分表明'三峡品牌'已经成为中国的国家声誉和国家名片，充分表明三峡集团拥有的整合中国水电全产业链的竞争优势与在国际市场磨炼的宝贵经验已成为一种重要的国家核心竞争力，充分表明三峡集团'走出去'承担的是国家的使命与责任。"①

① 三峡集团"走出去"：国家使命与责任［EB/OL］. 2015 - 04 - 23. http：//ceppc. chinapower. com. cn/newsarticle/1233/new1233120. asp.

四、央企社会责任形象的传播策略

在央企的发展过程中，做了很多好事，但知道的人不多；尽了很多社会责任，但称赞的人不多。在企业社会责任形象上，央企存在明显的“多做少说、只做不说”问题。许多央企没有意识到：做好事是履行社会责任，说好事也是履行社会责任。这种履责既对企业树立负责任的形象很重要，也对形成全社会的正能量很重要。在企业社会责任形象的传播中，实践表明，以下几个策略是行之有效的。

策略之一，在企业传播中，坚持“利国”与“利民”并重。央企的性质决定了企业担负着重大的责任，这种责任集中表现在三大方面：除了经济责任，还有政治责任和社会责任。央企不仅要赢利，还要保障经济安全、社会安全、国防安全等国家战略利益。这种保障责任是不可替代的。具体来看，国家的能源供给、粮食供给、信息基础设施、新型武器装备等都要靠央企来保障，奥运会、世博会等重大的社会活动都要靠央企来保障，自然灾害救援等都是央企冲在最前面。这些责任是央企必须履行的。也正因为如此，在传播社会责任时，央企往往习惯以国家视角来传播，把央企“利国”的贡献讲得很透，而不善于从公众视角来传播把央企“利民”的作用讲出来。这就影响了央企在一般公众中的形象构成。

在企业社会责任形象传播中，既要有宏大叙事，也要有细小渗透；既要有企业的贡献展示，也要有企业的情感表达。重要的是，把握传播规律，突出传播内容的接近性。笔者曾调研过中石油一位一线技术员的事迹。这位主人公是80后，电子科技大学毕业，常年坚守在位于甘肃戈壁滩的中亚天然气的能源大动脉——西气东输二线红柳压气站。当问及他坚守的动力是什么时，他幽默地说，自己的工作关系中西部几亿人的天然气使用，我不干了，大家就没“气”了。那种小岗位、大情怀让许多人很感动。

策略之二，在企业传播中，坚持“国内”与“国际”并重。央企是参与国际竞争的重要力量，是中国国家竞争力的重要载体。在国内市场上，央企往往显得很大，而在参与国际竞争时，我们的对手有更大的体量，我们面临的环境更加复杂。因此，央企在参与国际竞争时，不仅要提供最好的产品和服务，还要积极履行社会责任，一定要把中国企业在国外的故事讲好，从而更加凸显央企的社会责任形象。

央企在海外的生动故事很多。曹保刚是中铁建中非建设有限公司副董事长，他带领企业在尼日利亚不仅做项目，还负责修道路、建学校、抢险救灾。2011年9月，尼日利亚遭遇30年一遇的暴雨袭击，造成100多人死亡，数万灾民等待援助，这时候，中铁建以最快速度组织20多台设备和30多名员工奔赴灾区，奋战四天四夜，尼日利亚总统乔纳森在视察灾区时高度赞扬。2012年5月，尼日利亚两个州的酋长委员会授予曹保刚酋长头衔。

中国央企建设的项目成为几内亚最大面值钞票图案。2015年几内亚央行发行的新版20000几内亚法郎货币上，印上了由三峡集团建设的凯乐塔水电站效果图。这个项目于2012年4月开工，是几内亚境内最大的能源项目，被誉为几内亚的“三峡工程”。几内亚基础设施欠完善，物资紧缺，尤其是2014年年初埃博拉出血热疫情暴发后，三峡集团建设团队顽强坚守，做到疫情防范和工程施工两不误，保证了工程进展的按期推进，赢得了几内亚政府和人民的一致好评。这不但树立了中国央企的形象，也很好地树立了中国的国家形象。

策略之三，在企业传播中，坚持“我说”与“他说”并重。在传播学中，美国政治学家拉斯韦尔在1948年提出了传播活动著名的“5W”模式，其中第一个W就是“谁（who）来说”，即传播者的问题。在传播央企社会责任时，企业自己要说，即“我说”，但这还远远不够，更重要的是，要动员企业外部的人来说，即“他说”。从传播效果上看，“他说”比“我说”更具公信力。

国资委新闻中心曾组织多国的驻华外交官参加“走进央企”的活动，共组织了32个国家和上合组织的42位外交官参加，集中参观了中国南车青岛四方机车车辆股份有限公司和中国石化齐鲁石油化工公司，取得了很好的传播效果。在参观齐鲁石化聚乙烯设备时，许多外交官都很感兴趣，纷纷提问，乙烯装置车间负责人一一解答。日本大使馆公使问道：“乙烯装置应该有个事故率吧？”车间负责人说：“按照国际标准，伤亡万分之三属于正常范围。”公使紧接着问：“那你们的事故率目标是多少？”当时控制室里除了42位外交官外，还有很多媒体记者，车间负责人微笑着冲日本公使做了一个坚定的手势“O”，同时高声回答：“Zero！”现场顿时响起了热烈的掌声。这位公使愣了一下，赞许地点点头，马上又追问道：“这是这套设备的目标，还是齐鲁石化的目标?”车间负责人从容回答：“‘安全生产无事故，经济效益最大化’，是我们齐鲁石化永远的目标!”现场再次响起了热烈的掌声。员工的专业、敬业、自信，显示出中国央企国际化大公司的风范。活动结束后，参观团临时团长、阿根廷使馆公使专门给笔者发来了感谢信。他说：“通过这次活动，我们了解到了真实的中国国企。中国国企在增加了效益的同时，还造福了社区，服务了大众，令人敬佩。中国国企在许多国家都有投资，我们国家应该加强与中国国企的合作。中国的发展速度特别快，同时出现了一些问题，但是我们看到，中国政府和中国企业解决问题的速度和问题产生的速度一样快。我保证，我会把这次看到的情况传递回我的国家，告诉他们，我们了解了中国的国企，这里有很多机会。”

如今，央企的发展已经进入了一个新的历史阶段。在这个阶段，企业不但要努力“做好”，还要努力“说好”，边做边说，会做会说，这不但能树立企业的良好形象，成为企业持续前进的内在动力，而且能树立良好的中国国家形象，推动中国成为全球更受尊敬的建设者。

第二章

企业声誉理论建构：认知与评价

随着经济全球化进程的不断加快，加之“一带一路”倡议的落地实施，越来越多的中国企业“走出去”参与国际市场竞争。在海外，企业的产品和技术是硬实力，企业的声誉和形象是软实力，它们都是提升企业竞争力的核心要素，缺一不可，尤其是企业形象的塑造和声誉的建构，直接关系到中国企业之于国际市场的地位及影响。不胜枚举的案例表明，没有明效大验的措施，企业难以树立良好的形象；没有良好的形象，企业难以获得良好的声誉；没有良好的声誉，企业难以赢得发展和壮大的空间。因此，只有树立正面的海外形象，建构良好的国际声誉，企业才能得到外国政府和民众的信赖和支持，从而在激烈的竞争市场脱颖而出。

第一节 企业声誉的概念

“企业声誉”作为一个学术概念肇始于20世纪60年代。1965年，美国学者西奥多·莱维特（Theodore Levit）在《工业购买行为：传播效果研究》一书中给企业声誉下了一个定义：“消费者对企业知名度、好或坏、可信度、可靠性、美誉度和信任度等的感知。”此后，“企业声誉”一词层出叠见，据笔者估计，迄今国内外学者为“企业声誉”所下的定义不少于40种，而且不同学科对其含义的阐释也不尽相同。1998年，查尔斯·福诺布龙（Charles J. Fombrun）与西斯·范里尔（Cees B. M. van Riel）从多个学科出发对企业声誉进行了系统归纳：从经济学视角将企业声誉视为一种属性或信号，从战略视角将企业声誉看作一种资产或进入壁垒，从社会学视角认为，企业声誉代表了有关评价对象声望的综合评价，描绘出评价对象及其所处的社会系统的层次，同时声誉还是反映组织合法性的指标，从营销学视角强调企业声誉是外部主体对企业的直接或间接的感受或信息加工过程，从组织学视角将企业声誉根植于企业文化和身份之中，从会计学视角更多地将企业声誉看作是企业的一种无形资产等。目前，国际认可度较高的是查尔斯·福诺布龙、曼弗雷德·施瓦格（Manfred Schwaiger）两位学者提出的定义，查尔斯·福诺布龙认为企业声誉是与其他竞争对手相比较而言，基于对企业过去的行为以及未来前景的感知度而产生的对企业的所有利益相关者的吸引力。曼弗雷德·施瓦格则认为，企业声誉是利益相关者的一种态度结构，包括认知和情感两个因子，以及经营状况、质量、责任和吸引力四个方面。

在国内，最早对企业声誉做出概念性解释的是白永秀与徐鸿，他们认为企业声誉是“在公众的头脑中留下的一个总体印象”。同年，干勤也为企业声誉下了定义，即“一个企业获得社会公众信任和赞美的程度”。在其后出现的相关定义中，笔者认为郑文哲与王水嫩给出的定义最为科学，他们提出，企业声誉是“公众对企业的各种因素认知基础上所得出的一种综合评价”。尽管国内学界涉及企业声誉定义的论述也俯拾皆是，但都有完善和修正的空间。笔者认为，关于企业声誉的定义应该从狭义与广义两个层面来界定。从狭义来讲，企业声誉是指企业在长期经营活动中积累的声望和名誉；从广义来讲，企业声誉则是指公众在对企业的经营业绩、创新能力、社会责任与战略传播等因素认知的基础上所得出的一种综合评价。作为一种无形资产，良好的企业声誉建构不仅有利于招聘优秀的人才，增强消费者对企业产品的信赖，而且容易获得更多的外部资源，从而降低融资成本。

在企业管理领域中，戴维·克雷普斯（David M. Kreps）是第一位提出企业声誉理论的研究者，他把企业作为一个声誉的载体，并借助重复博弈论中的思想阐释了企业声誉的建构。克雷普斯认为，“权威”源于企业声誉，他指出任何经济活动都可能面临不可预见的突发事件，一家企业如何应对危机将直接影响到企业利益相关者的利益，如果缺乏建构或维持声誉的能力，企业就很难东山再起。声誉的好坏是随着它被使用的次数而叠加的，既不易建构亦不易销匿，所以一家企业的早期历史可能在该企业声誉的形成中发挥着决定性作用。同年，本特·霍姆斯特罗姆（Bengt Holmstrom）提出了关于声誉激励的若干问题，他总结并提炼的代理人市场模型是对法玛（Fama）思想的模型化表述，用以说明市场上的声誉可以作为显性激励契约的替代物。乔纳·伯杰（Jonah Berger）认为，声誉是消费者网络口头交流的结果。科尔（Cole）和基欧（Kehoe）提出声誉网络的溢出效应，即声誉的效果往往会超越交易范围而对范围之外的个体产生影响。申克尔（Shenkar）和尤特曼－亚尔（Yuchtmann-Yaar）提出，声誉是社会机制的运作结果，在这种社会机制中，各利益群体可以被视为网络中的成员，他们之间以不同的社会距离相互联系。威廉（Wilhelm）研究了团队设置中的声誉性，探讨了通过何种方式实现团队中的激励相容问题。特德斯（Tadelis）用一个包含道德风险与逆向选择的动态一般均衡模型研究了声誉市场对企业经营者努力的生命周期激励的影响，他认为，在声誉市场上，激励与年龄无关，在均衡中更有能力的代理人不能比相对无能的代理人的要价更高。

第二节　企业声誉的关联因素

在当今国际市场竞争日益激烈的背景下，中国企业在全球享有的美誉度与其贡献度存在明显的不匹配。从美国《财富》杂志发布的“2017 年世界 500 强”企业排行榜来看，中国国有企业表现强势，国家电网、中国石油化工集团公司、中国石油天然气集团公司分列第二位、第三位和第四位，但在“2017 年全球最受赞誉公司”排行榜中，中国企业的表现则相形失色，这充分暴露出中国企业“大而不美”的问题。从宏观视角来看，影响企业声誉的是企业诚信和企业形象两大要素。就三者的相互关系而言，企业诚信是内在美或者说本质美，企业形象是外在美或者说现象美，而企业声誉则是基于企业形象和企业诚信建构起来的综合美或者说整体美。总而言之，企业声誉的建构既离不开修炼内在美的企业诚信，也离不开塑造外在美的企业形象。

企业诚信的建设主体是企业本身，而企业形象与声誉的建设主体则需要企业和公众共同参与。中国有句谚语：“买卖公平天经地义，童叟无欺诚信为本。”卓著的声誉是建立在能够赢得消费者信赖的诚信的基础上，那些急功近利打造外部形象的企业，往往因缺乏需要长期考验才能积攒起来的信用而难以获得良好的声誉；而一味故步自封地坚守诚信的企业，也常常会因忽视需要对外宣传才能树立起来的形象而难以获得良好的声誉。企业诚信是企业行为能力的一种表现，是企业能否履行其对社会、对市场、对客户承诺的一种标识度，也是建构企业声誉、塑造企业形象的核心要素，建立并维护良好的企业信誉将会促使企业拥有更多的商业优势，如增加顾客对产品和服务的信心、建立更高的客户忠诚度、促使企业保持长期的超额利润等，因此，唯有长期坚守诚信，企业才能更好地维护自身的形象和声誉，也才能在激烈而残酷的市场竞争中占据一席之地。除横向关系外，企业声誉、企业形象与企业诚信之间也存在着纵向关系。“从商之道，诚信为本”是中国传统商业文化沉淀积累下来的精华，作为塑造形象和建构声誉的基础要素，讲诚信是企业取得成功的立足之本，只要诚实守信，企业自然就能实现初级美的目标。在此基础上，通过“自塑”和“他塑”两种方式对客观形象加以塑造可促使企业达到中级美的层次，而由“内讲诚信”与“外塑形象”作为支撑所建构的声誉，能够为企业带来无形资产和有形财富，从而助推企业实现内外俱佳的高级美的终极目标。

第三节　企业声誉的评价指标

关于企业声誉的评价指标，目前影响最大的是美国《财富》杂志组织的“美国最受尊敬企业”评选活动。从评选标准来看，该活动主要是根据企业内部管理能力、产品或服务质量、企业创新能力、长期投资的价值回报、财务报表的真实性、吸引优秀员工的能力、社会责任及环境责任、企业资产使用的合理性、全球经营能力等 9 个指标进行判定，英国、德国、澳大利亚等国家的主流经济媒体对企业声誉评价指标的设定与其相差无几。从上榜企业的排名来看，这些国家对于声誉的评价普遍倾向于财务方面的表现，也就是说，财务表现越好，企业排名越高。毋庸赘述，这种评价体系存在着很大问题，最严重的是没能对声誉本身与影响声誉的因素加以区分。基于此，本书拟从经营业绩、创新能力、社会责任与战略传播 4 个维度重新提炼出 15 个评价指标（见表 2 – 1）。

表2－1　企业声誉评价指标

序号	维度	指标	分值
1	经营业绩	产品质量	
		服务质量	
		财务表现	
		管理水平	
		人才吸引力	
2	创新能力	技术创新	
		产品创新	
		商业模式创新	
3	社会责任	合规经营	
		环境保护	
		社区融入	
		社会公益	
4	战略传播	品牌传播	
		形象公关	
		危机管理	

一、经营业绩

经营业绩（Operating Performance）是直观反映由企业经营活动而带来的整体财务状况与经营成果，它既是传统企业参与市场竞争最稳定的基础要素，也是现代企业声誉评价体系中最核心的检验指标。除财务表现外，产品质量、服务质量、管理水平、人才吸引力等指标都直接关系着企业声誉的内部塑造和外部评价。

1. 产品质量（Product Quality）是指产品满足规定需要和潜在需求的特征和特性的总和。任何产品都是为满足用户的使用需要而制造的。对于产品质量来说，不论是简单产品还是复杂产品，都应当用产品质量特性或特征去描述。产品质量特性依产品的特点而有差异，表现的参数和指标也多种多样，反映用户使用需要的质量特性归纳起来一般有6个方面，即性能、耐用性、可靠性与维修性、安全性、适应性、经济性。①

2. 服务质量（Service Quality）是指服务能够满足规定和潜在需求的特征和特性的总和，是指服务工作能够满足被服务者需求的程度，是企业为使目标顾客满意而提供的最低服务水平，也是企业保持这一预定服务水平的连贯性程度。

3. 财务表现（Financial Situation）是指企业在某一时刻经营资金的来源和分布状况，是企业经营活动的成果在资金方面的反映，按照各项目间存在的相互对应关系，将资金占用和资金来源之间的各个对应项目加以分析对比，观察资金占用及其来源是否合理。②

4. 管理水平（Management Level）是指管理者对企业生产经营活动进行计划、组织、指挥、协调和控制所达到的高度，具体表现在对企业的人力、物力、财力、信息等资源的调配效率上。

5. 人才吸引力（Talent Attractiveness）是指企业对员工和社会人才的吸引力，包括能否把优秀人才吸引到企业，能否将现有

① 姚立根，王学文. 工程导论［M］. 北京：电子工业出版社，2012：189.
② 王文元，夏伯忠. 新编会计大辞典［M］. 辽宁人民出版社，1991：1.

人才留在企业，对内吸引力越大，员工的积极性就越强，工作效率就越高，对外吸引力越大，越容易招揽优秀人才，也越容易赢得市场竞争。

二、创新能力

创新能力（Innovation Ability）是指在外部环境动态变革产生的机会或内部能力模块间发展不均衡产生的价值潜力驱动下的一种系统性应变或求变获利、最终获得竞争优势的系列组织活动。因此，创新能力是企业知觉变异、解读变异、创新决策与有效实施的组织活动。在企业声誉评价体系中，创新能力体现在技术创新、产品创新和商业模式创新三个方面。

1. 技术创新（Technology Innovation）是指以发明新技术为目的的创新或以科学技术知识及其创造的资源为基础的创新。前者如发明一种新的激光技术，后者如以现有的激光技术为基础开发一种新产品或新服务，两者常合二为一，成为企业竞争优势的重要来源，也是企业可持续发展的重要保障。[①]

2. 产品创新（Product innovation）是指以创造全新或改进产品为目的的创新。全新产品创新是指产品用途及其原理有显著的变化，改进产品创新是指在技术原理没有重大变化的情况下，基于市场需要对现有产品所做的功能上的扩展和技术上的改进。[②]

---

① 陆雄文．管理学大辞典［M］．上海：上海辞书出版社，2013：342.
② 陆雄文．管理学大辞典［M］．上海：上海辞书出版社，2013：349.

3. 商业模式创新（Business Model Innovation）是改变企业价值创造的基本逻辑以提升顾客价值和企业竞争力的活动，既可能包括多个商业模式构成要素的变化，也可能包括要素间关系或者动力机制的变化。①

三、企业社会责任

企业社会责任（Corporate Social Responsibility，简称 CSR）是指企业在商业运作中对利害关系者应承担的责任。就企业而言，承担社会责任意味着要为自己介入或影响居民、社会以及环境的一切行为承担责任。也就是说，在创造利润的同时，企业应该承担对员工、对消费者、对社区、对环境的相关责任，在企业声誉评价体系中可将其提炼为合规经营、环境保护、社区融入与社会效益 4 个指标。

1. 合规经营（Compliance Management）就是企业依法规范经营行为，坚持正确经营方向，保护广大消费者的权益，维护市场健康稳定发展的重要经营原则。

2. 环境保护（Environment Protection）是指为解决现实或潜在的环境问题，协调人类与环境的关系，保护人类的生存环境、保障经济社会的可持续发展而采取的各种行动的总称。

3. 社区融入（Community Integration）是指企业与所在地区的行政机关、工厂、学校、商店、旅馆、医院、公益事业单位及

① 陆雄文．管理学大辞典［M］．上海：上海辞书出版社，2013：79.

居民的相互关系，这些社会单位和公众群体虽然不一定与企业发生直接的经济、业务关系，却是企业外部经营环境的重要组成部分，对企业的生存与发展起着重要作用，是企业外部公共关系工作的重要组成部分。①

4. 社会公益（Public Interest）又称“社会公共利益”“社会福祉”，在企业声誉评价指标中，社会公益是指社会公众享有的非独占的、为一个社会生存所必需的利益。在企业声誉评价指标中，是指企业在社会公益活动中的贡献度，它能够帮助企业赢得公众的广泛认可，有利于增强员工和消费者信心，提高企业市场竞争力。

四、战略传播

战略传播（Strategy Communication）是指企业为实现特定利益，充分调动相关资源向目标受众传递信息、施加影响的过程，其核心思想是通过调动自身资源，协调其内部各部门的努力，使关键受众理解并参与企业行为，从而为企业赢得内部团结并提升外部形象，构建有利于企业长期发展的运营环境。② 在企业声誉评价体系中，品牌传播、形象公关与危机管理既是企业战略传播的三条主线，又是影响其传播效果的三大要素。

1. 品牌传播（Brand Communication）是指品牌所有者通过广

① 叶文琴，王玉学．现代企业与公关［M］．青岛：青岛出版社，1996：62.

② 袁胜，许清茂．国外企业战略传播研究的启示［J］．青年记者，2015（29）：91－92.

告、公关、人际传播等手段和印刷、电子、网络等媒介持续地与目标受众交流，最优化地增加品牌资产的过程。①

2. 形象公关（Image Communications）是指为提高企业在社会公众心目中的地位和整体印象，企业采取一系列公关策略树立企业信誉，塑造企业形象。

3. 危机管理（Crisis Management）是指企业为针对突然发生的、难以预料的问题即危机所采取的管理方式，主要包括 6 个步骤：（1）避免危机的发生；（2）为危机管理做准备；（3）识别危机；（4）遏制危机；（5）解决危机；（6）从危机中受益。②

在竞争日益激烈的全球化市场环境中，企业声誉作为一种独特且不可替代的无形资产，逐渐显出其后发优势。对于企业而言，拥有良好的声誉既是实现可持续发展的前提和基础，也是夺取战略性竞争优势的关键。中国企业联合会、中国企业家协会副理事长李建明表示，培育打造世界水平的跨国公司，不只是企业自身的事情，更是一项社会系统工程，需要政府、学术教育机构、中介组织等各种力量的参与和支持。从我国企业的声誉建设过程来看，学术研究始终走在企业建设之前，但目前存在着研究成果西方化、指导作用不突出等问题，这也导致了我国企业对相关概念和功能的理解有限、重视程度不够等一系列问题。鉴于此，一方面，国内学界应在借鉴和吸收外国先进理念的同时，深

① 余明阳，朱纪达，肖俊崧．品牌传播学［M］．上海：上海交通大学出版社，2005：11.

② 陆雄文．管理学大辞典［M］．上海：上海辞书出版社，2013：34.

入挖掘适合我国国情的评价体系；另一方面，我国企业应该积极建立、维护和提升企业声誉，将声誉建构纳入企业管理体系中，并使之成为企业不断发展壮大的隐形力量。

☑ 延伸阅读

提升中国企业品牌海外信任度的路径探索

汪帅东

一、中国企业品牌信任度指数解读

《2018 年度爱德曼全球信任度调查中国报告》（以下简称“爱德曼报告”）显示，近 5 年来，中国企业品牌虽在国内信任度稳步攀升，但在海外却没有名价日重，反而呈现出本土信任度与海外信任度愈渐失衡的态势。爱德曼咨询公司本次发布的中国企业品牌信任度指数主要基于全球 28 个国家和地区逾 3.3 万受访者的评价，在线调查工作于 2017 年 10 月 28 日至 11 月 20 日间展开，各国受访者由 15% 的有识公众和 85% 的普通公众构成，有识公众是指年龄在 25 ~64 岁之间、具有专科以上学历、收入水平居于所属地区前 25%、经常阅读并参与讨论商业新闻的群体，其他人则属于普通公众。从爱德曼公司对 2014—2018 年中国品牌信任度的调查数据（见图 2 –1）来看，中外受访者对中国企业品牌的信任度大相径庭。简而言之，中国受访者对总部设在中国的各大企业的信任度基本上处于逐年上升态势，及至 2018 年更是获得了 90% 的超高信任度；相比之下，海外受访者对中国企业品牌的信任度指数却长期徘徊在31% ~33%的低值区间，与中国受访者持续增长的信任度呈现出截然不同的趋向。无论在努力提升环境状况方面，还是拥有透明与开放的商业运营方面，抑或是正在努力让世界变得更好以及分享企业价值观等一系列指标中，海外受访者给出的分数普遍偏低，个别指标分值甚至不及30%，这表明，近年来中国企业品牌的海外传播力度不够，效果也不甚理想。尽管“一带一路”建设的推进加快了中国企业“走出去”的步伐，但由于各国发展水平存在差异，利益诉求多元，以及国家之间的关系日益复杂，同时缺乏有力的舆论引导，很多海外民众对中国企业的发展和成就不甚了解或通过西方媒体带有主观立场的报道一知半解，这在很大程度上影响了其对中国企业品牌的认知和评价，转而影响到中国企业拓展海外市场的进度和速度，使中国企业难以在激烈的国际市场竞争中占得先机，取得主动权。因此，如何有效提升中国企业品牌的海外信任度，是各级政府、企业管理者以及相关领域研究者需要共同思考和深入研究的重要问题。

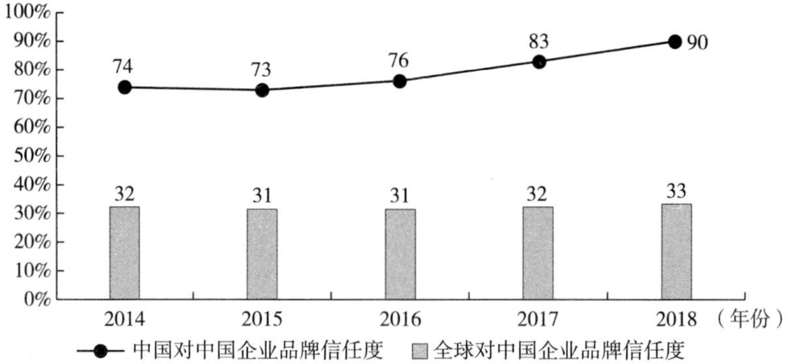

图2-1 爱德曼中国品牌信任度调查数据趋势图

二、中国企业品牌海外信任度低的原因分析

1. 中国企业品牌传播理念相对保守

在经济全球化进程中，中国企业的对外传播遵常守故，缺乏新形势下传播理念及思路的创新突破。穷原竟委，一方面，中国企业与政府同气连枝，大部分传播理念源自官方长期实践所积累的丰富经验，但在经济全球快速推进的形势下，这些缺乏创新意识的传播理念很难让海外消费者把中国品牌与高科技、高品质和高增值联系起来，很难扭转对中国产品“低质山寨”的刻板印象。另一方面，很多企业负责人受到“多说多错、少说少错、不说不错”等传统思想观念的束缚和禁锢，既不习惯主动发声，也不善于涉外交往，更不愿意与“狂轰滥炸”的西方媒体进行正面交锋，开诚布公地回应质疑或者及时沟通消除误解，以及时避免不必要的纠纷和冲突，这也是中国企业在海外信任度不高的主要原因。

2. 中国企业品牌营销相对滞后

从 2017 年《财富》杂志发布的世界 500 强企业榜单来看，以国家电网、中国石化、中国石油为代表的中国企业表现不俗。然而，这个榜单并未让海外受访者对正在崛起的中国企业产生更多的认同感，爱德曼报告调查数据显示，有 63% 的受访者认为中国企业缺乏道德、透明、开放的商业运营，66% 的受访者认为中国企业没有在环境保护上付出努力，还有 63% 的受访者认为中国企业“没有让世界变得更好”。这三组数字表明，中国企业仍处于美誉度与贡献度不对等的境况中。事实上，这与中国企业

品牌营销的相对滞后不无关系。企业品牌营销在中国起步较晚，缺乏战略性品牌运营和品牌管理机制，所以面对激烈的国际品牌竞争时，尚不能灵活地运用整合营销传播的战略战术进行品牌的国际化推广，海外受访者自然也就难以及时了解中国品牌的成长和进步。

3. 西方媒体对中国企业的压制

近年来，尽管中国的综合国力不断增强，国际地位日益提高，在国际事务中发挥的作用也愈渐突出，但因意识形态与社会制度的差异而被西方视为“潜在的对手”或“虚拟的敌人”，西方一些媒体在一定程度上有排斥、压制中国及其企业的舆论倾向。从相关报道来看，西方媒体带有排他性的报道严重影响了中国企业正面形象的塑造，如 2017 年 2 月，一家西方媒体摄录的视频将中国矿企推到舆论的风口浪尖，在其他西方媒体的大肆炒作下，苹果、三星等企业纷纷与当地中国企业“撇清关系”，但后经《环球时报》调查发现，这是一起西方媒体歪曲事实、抹黑中国企业的诋毁事件。可以说，西方媒体对中国企业的形象塑造产生了不少负面影响，这或许是爱德曼报告给出的“一带一路”倡议在海外反馈积极，但认知度偏低的症结所在。

三、中国企业品牌海外信任度的提升路径

1. 讲好企业故事

“事实胜于雄辩”是中国传统思想观念，它不仅影响着中国人的处世行为，也渗透在中国企业的经营活动中，最突出的便是很多中国企业不愿意在公关、宣传上投入太多的精力和资源，它们认为只要项目运作成功，企业品牌的信任度自然会建立起来。然而，“一带一路”沿线国家的社会局势和舆论环境复杂多变，受西方资助的当地媒体对涉华事件的报道或解读往往夹杂有失公允的主观偏见，对中国企业海外形象和品牌信任度往往造成不利影响，因此，通过本国媒体或公正客观的第三方媒体讲好中国的品牌故事至关重要。

（1）站在受众的立场讲故事

世界各国各具特色的地域文化在不断摩擦、相互碰撞中相互渗透，趋向融合。事实上，进行跨文化交流既需要词义层面的语言转换，也需要内容层面的文化互认。习近平总书记在全国宣传思想工作会议讲话中强调：“要精心做好对外宣传工作，创新对外宣传方式，着力打造融通中外的新概念、新范畴、新表述，讲好中国故事，传播好中国声音。”① 每一个成功企业的背后都有着鲜为人知的“酸甜苦辣”，无论以新闻形式呈现，还是以文学手法创作，讲好企业故事和品牌故事是赢得海外民众信赖的关键。然而，在“一带一路”建设推进过程中，因对当地价值观念、伦理道德、民族习惯认知的不足而导致的各类文化冲突层见叠出，这也使得中国企业在输出品牌文化时举步维艰。因此，“走出去”的中国企业既需要懂得当地语言的中国员工，同时也需招揽一批熟谙当地文化且可胜任宣传公关的本土人才，使其发

① 创新对外宣传工作应在四方面下功夫［EB/OL］. 2013 - 10 - 15. http：//theory.people.com.cn/n/2013/1015/c40531 - 23211378.html

挥身份优势，以当地受众易于理解接受的方式传播企业文化，讲好品牌故事。

（2）创建自己的媒体讲故事

爱德曼报告显示，有近60%的海外受访者表示，他们对中国企业的了解来源于媒体报道，而非亲身体验。对此，理查德·爱德曼认为，中国企业品牌海外信任度偏低在很大程度上是因当地媒体报道缺乏客观事实与理性言论造成的。在海尔收购美泰事件中，由于《得美因纪事报》没有从海尔驻美机构得到满意的答复而给当地民众传递了一个负面信号，最终导致收购失败。又如2016年引起轩然大波的“塑料大米”事件，法新社援引一名尼日利亚海关官员的话，他怀疑“这些大米来自中国，后经拉各斯港进入尼日利亚”。结果英国卫报、BBC（英国广播公司）、美国之音等多家西方媒体未经核实便直接转载了法新社的报道，这种不负责任的传播极大降低了国外民众对中国的信任度，也严重影响了中国企业在海外的品牌传播。鉴于此，中国企业可通过加强与海外中文媒体的交流合作，借助其融通中外语言、文化的优势传播企业理念，展示企业风采；此外，可以尝试在“一带一路”沿线国家搭建自己的媒体平台，解决国际传播的本土化问题，利用自己的媒体力量讲好品牌故事，提升品牌形象。

2. 推广企业品牌

随着经济全球化和区域经济一体化的不断深入，企业之间的竞争逐渐从价格竞争、技术竞争跨入品牌竞争的新阶段。2014年，习近平总书记在河南中铁工程装备集团有限公司考察时强调

“中国产品要向中国品牌转变”。实施品牌战略是企业实现可持续发展的不二法门。“一带一路”与“互联网 +”行动计划的推进，为中国品牌的海外推广提供了前所未有的机遇，中国企业需要在提升管理水平和技术创新基础上，树立品牌服务意识，培养高素质网络营销人才，创建适合当地市场环境的网站，以此提升企业品牌的海外知名度和美誉度，赢得海外民众对中国企业品牌的信任。

（1）依托“一带一路”实施品牌推广

如今，中国企业在全球诸多领域逐渐从“跟跑者”向“并跑者”甚至“领跑者”转变，“中国制造”正加快走进“一带一路”沿线国家的日常生活。然而，从中国消费者在“双十一”海淘哄抢日本马桶盖、美国手机、韩国彩妆以及澳大利亚奶粉等相关报道来看，现阶段中国企业在品牌建设和推广方面仍然面临着严峻挑战。究其原因，海外形象建设力度的不足，加之科学传播机制的缺乏，使得中国企业品牌并未获得海外民众的广泛赞誉和认可，这充分体现在爱德曼信任度调查报告中。因此，中国企业应依托“一带一路”建设，不断加强品牌传播机制建设，丰富品牌内涵，创新品牌传播方式和手段，促进具有技术代表性与创新性的中高端品牌的塑造与推广。

（2）培养品牌推广的国际化人才

蒙牛乳业集团创始人牛根生曾提出“三级火箭论”，他认为企业在不同的发展阶段需要的人才也不尽相同。随着经济全球化的不断推进，发展中国家的关税壁垒逐渐减少，越来越多的中国企业瞄准海外市场，参与国际竞争。然而，中国企业从事品牌推广的大部分员工缺少国际营销的知识背景，更缺乏处理文化冲突的科学方法与实践经验，因此，鼓励高校结合国外优质教育资源培养国际化营销及品牌传播人才乃当务之急。一方面，高校可聘请国外相关领域的知名教授或企业管理者来华讲学，使中国学生能够获得针对性更强的理论指导，了解更多的成功案例；另一方面，高校可选派优秀学生前往国外高校或到企业学习、实习，掌握最前沿的品牌知识，积累更丰富的实践经验。

3. 分享企业价值观

企业价值观是企业在长期的生产经营活动中逐渐积累而形成的精神和理念。作为企业文化的核心内容，树立正确的企业价值观不仅有益于增强内部凝聚力，也有利于外部影响力的提升，对于企业实现可持续发展具有重要的战略意义和指导作用。从爱德曼发布的信任度调查报告来看，有超过半数的海外受访者认为，中国企业既了解当地客户的需求，也能够提供高性价比的产品或服务，创造更多的就业机会，但对中国企业传播的价值观表示认同的比例却仅为 29%，这也是中国企业在该报告中得分最低的一项指标。这说明，许多海外民众看到了中国企业具有的市场价值与社会价值，但以价值观为代表的软实力建设尚未得到相匹配的认可度，所以，如何有效传播企业价值观是中国企业亟须解决的重要问题。从美国、日本等发达国家企业价值观的传播途径来看，美国主要是通过经典案例的教材化进行传播，譬如理查德·洛威尔的《可口可乐不规则营销》、约翰·迪克的《沃尔玛帝国》、兰德尔·E. 斯特劳斯的《微软之路》、雷·克罗克等著的《苦心经营——麦当劳创业史》等都是世界著名商学院工商管理硕士（MBA）课程使用的教材，对于美国相关企业价值观的海外传播影响巨大。相比之下，日本则是依靠成功企业家管理思想的哲学化进行传播，例如松下幸之助提出的“水之哲学”（见图2-2）、稻盛和夫提出的“创造力=思维方式×热情×能力”、盛田昭夫提出的“以新制胜”以及柳井正提出的“made for all”等都是享誉全球的企业管理哲学，这些成功模式和经验均可为中国企业价值观的对外传播提供参考和借鉴。

作为检验中国企业“走出去”效果的重要依据，爱德曼报告客观反映出中国企业品牌海外建设力度的不足和路径的局限。从未来的发展趋势来看，中国企业若想在竞争日趋激烈的国际市场中脱颖而出，一方面，国内学界需要给予充分重视，对于中国企业品牌海外信任度偏低的具体原因进行细致分析和阶段总结，而后从不同维度有的放矢地提出切实可行的传播方案，推动中国

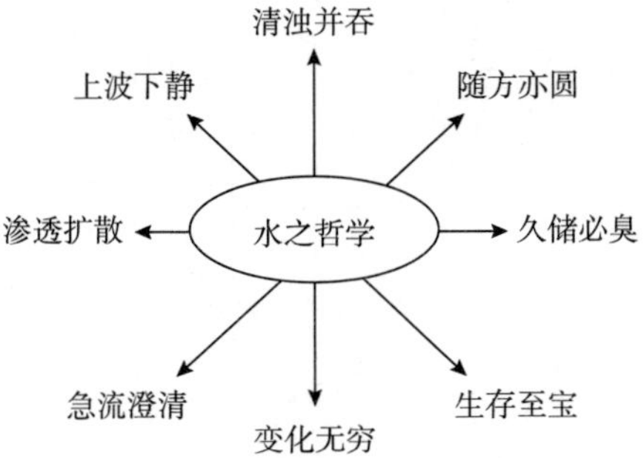

图2-2 松下幸之助提出的“水之哲学”管理理念

企业品牌科学传播机制的形成；另一方面，在确保产品和服务质量的基础上，中国企业必须严格遵守商业道德、注重环境保护，同时进一步拓宽海外传播途径，增强海外传播力度，发挥自身优势，讲好企业品牌故事，以扭转多年来品牌信任度持续低迷的局面。

第三章

企业传播理论建构：维度与框架

如今，中国经济进入高质量发展阶段，品牌战略将上升为国家战略，这给新时代的中国企业发展提出了更高要求。从企业发展的普遍规律来看，企业都要经历三个阶段，从小企业到大企业再到伟大企业。作为伟大企业，企业形象与企业声誉对企业至关重要，而企业传播能力愈发成为企业竞争的战略能力。从国际研究看，经过半个多世纪对企业传播的研究，其定义包含工具说、过程说、职能说、战略说等。[①] 相对国际领先经验，中国的企业传播理论与实践发展依然较为落后，主要问题在于企业传播的理论研究和分析工具没有有效建立起来。

---

① 黄国群．基于传播视角的企业声誉塑造与提升研究［J］．软科学，2009（03）：95.

第一节　企业传播多视角研究

企业传播属于公共关系学、广告学、市场营销学、企业管理学、组织传播学等多学科交叉的领域，相关研究的学科定位是非单一的，因而在研究上更加突出问题导向。也就是说，基于企业传播现象综合使用各个学科的研究方法与研究理论。

企业传播研究最早出现在广告与公共关系研究范畴内。广告是企业与消费者之间的桥梁，公关则进一步扩大了企业传播的范围，深入到企业的营销、危机管理等方面。公共关系传播学派认为，企业传播应当是运用有说服力的传播工具去影响企业内部员工和外部公众。[①] 桑德拉·奥利弗的《企业传播原则、方法与战略》表明，引用“企业传播”是为了表达在后现代和后技术时代发生在企业组织内部和外部的传播、公关、公共事务、管理以及媒体研究中的范式转换。[②] 这表明企业传播开始逐渐超越公共关系领域。

从传播学的角度看，企业传播是指企业内部成员之间或企业与外界组织的信息交流行为，侧重传播渠道和传播效果的研究。从企业管理的角度来看，企业传播是指通过对信息的有效管理来

---

① 曲俊义．企业传播——应运而生的传播新视角［J］．现代传播，2011（4）：157 –158.

② 桑德拉·奥利弗．企业传播：原则、方法与战略［M］．北京：北京大学出版社，2005：1

提升企业的效率，侧重对传播行为的管理。从市场营销学角度考察，企业传播是为了更好地实现企业营销目标，整合营销传播正是这一视角的代表性理论。

公共关系理论、整合营销传播理论、“5W”模式及CIS（企业识别系统）等是目前常用的企业传播分析框架。对于企业传播战略目标的分析多结合公共关系理论，注重分析企业传播的特点和策略，以实现维护企业公共关系的目标。对于企业传播管理的分析则基于整合营销传播的分析框架，有学者提出营销传播管理者的概念，① 营销传播管理者是企业内部集经营管理、营销和传播为一体的新职位，以营销传播管理者为纽带构建企业传播体系，整合企业内外部资源，最终实现营销目标。对于企业传播实践的研究多参照传播学领域拉斯韦尔的“5W”模式进行分析，将企业大众传播划分为传播者、传播内容、媒介选择、受众和效果反馈5个环节，② 针对不同环节研究企业传播的策略、效果等。还有部分研究引入企业识别系统，分析企业形象（CI）方面的具体策略。

第二节　企业传播的认识维度

新时代的中国企业已在更大范围、更高层次融入全球化进程，而在“一带一路”建设中，中国企业更是发挥着主力军作

---

① 申光龙，曲飞宇．企业传播新主体：营销传播管理者［J］．中国软科学，2004（4）：98－104.

② 周裕琼．5W模式下的企业传播技巧［J］．当代传播，2007（3）：81－83.

用。在国际竞争与合作中，中国企业存在明显的“软实力与硬实力不匹配、贡献度与美誉度不匹配”的问题。从实际情况看，中国企业在国际市场中普遍存在“只做不说”“多做少说”的问题，尽管提供了优秀的产品和服务，积极履行企业社会责任，但这些行为没有得到有效传播。笔者在“一带一路”沿线国家的调研表明，中国企业的形象、声誉与美国、日本等企业还有差距。从新时代推动中国经济高质量发展的角度来看，可以从全球维度、社会维度、精神维度来思考中国企业传播的方向。

从全球维度看，新时代的中国企业在新一轮全球化中发挥了重要的引领作用。目前，中国企业在全球竞争力方面已经有了显著提高，在《财富》杂志发布的“2017 年世界 500 强”榜单中，中国企业就有 115 家，仅次于美国的 132 家，遥遥领先于其他国家。然而，在该杂志发布的“全球最受赞誉公司”排行榜中，中国企业却无一上榜。中国企业声誉认可度不及企业业绩认可度，成为全球维度认识中国企业发展的重要挑战。对照新时代中国日益走入世界舞台中央、引领新一轮全球化发展的目标，分析国际优秀企业业绩与声誉并重的经验，中国企业全球形象建设包括两大目标：一是成为优秀的国家形象代言人，二是成为优秀的全球企业公民。

从社会维度看，新时代的中国企业面临着建设“社会企业”的迫切要求。企业是社会的建构者，仅追求商业和利润的企业不会被社会长期接纳，只有将社会责任作为愿景，企业才能实现可持续发展。社会企业要求企业具有商业性和社会性的双重属性，经济合作与发展组织（OECD）认为，社会企业是指可以产生公共利益的私人活动，以达成特定的经济或社会目标，且有助于解决社会排斥及失业问题，而不是总以利润最大化为主要追求。[①]资本主义制度下的社会企业理念，是基于企业发展阶段提出的判断。而社会主义制度下的社会企业，是更具本质意义、政治意义的企业。事实上，中国的国有企业一直在承担经济责任、政治责任与社会责任。在技术进步与企业发展日新月异的当代中国，企业对社会生活的影响日益显著与深刻，就更需要全社会的企业都能树立社会企业的发展理念，以内生的发展态度积极承担社会责任、解决社会问题。传统的商业企业是发展自己让别人无路可走，而作为社会组织的企业是发展自己让社会更加美好。这是新时代对中国企业提出的崭新而清晰的要求。

从精神维度看，新时代的中国企业不仅仅是创造物质财富的主体，更应成为创造精神财富的主体。伟大的企业都有卓越的企业文化与企业精神，企业文化与企业精神作为企业重要的精神财富，对内加强员工凝聚力，对外塑造社会影响力。用价值观创造并提升企业的核心竞争力，已经成为当代中国企业管理理论的新趋势。清华经管学院杨斌教授提出了“人文红利”的概念，即要重视人心的力量、人文的力量，重视信仰、愿景、人性等人文精神，因为它们可以从精神力量转化为物质力量。[②]

---

① 赵莉，严中华．国外社会企业理论研究综述［J］．理论月刊，2009（6）：154－157.

② 清华副校长杨斌：新时代更要重视人文红利［OL］．2017－11－21. http：//edu. gmw. cn/2017－11/21/content_ 26853736. htm.

中国企业传播的实践与理论发展经过了三个重要阶段。第一阶段是信息传播阶段，企业传播以信息沟通为主要目标，采取单向的信息发布，对于负面问题进行被动应对；第二阶段是形象构建阶段，企业传播以形象构建为主要目标，重视与公众的双向互动，主动进行危机传播管理；第三阶段是声誉管理阶段，企业传播以声誉塑造为主要目标，强调企业价值观的凝练与传播，基于价值观进行利益相关方的多向沟通，做好社会关系管理与企业形象构建。目前，中国企业特别是大企业的传播正处在向声誉管理阶段迈进的时期，关键是提升以企业价值认同为核心目标的战略传播能力。对于新时代的中国企业来说，不但要“大而强”，还要“大而美”，不但要有好业绩，还要有好行为与好声音。

第三节　企业传播研究新框架

企业传播作为一门交叉学科，长久以来一直借用其他学科的分析框架。随着企业实践的发展，这些研究框架已经无法满足当前以企业声誉塑造为主要目标的企业传播行为的分析需求。本书围绕企业声誉塑造需求，提出企业传播的 3S（Strategy-System-Skill）分析模型（见图 3 - 1），并基于此模型提出企业声誉管理的三个原则：战略上主动，体系上健全，手段上专业。从战略目标到体系建设再到手段分析，企业传播的 3S 分析模型从宏观到微观，全面覆盖企业传播领域的研究问题，同时符合企业传播实践的发展逻辑。

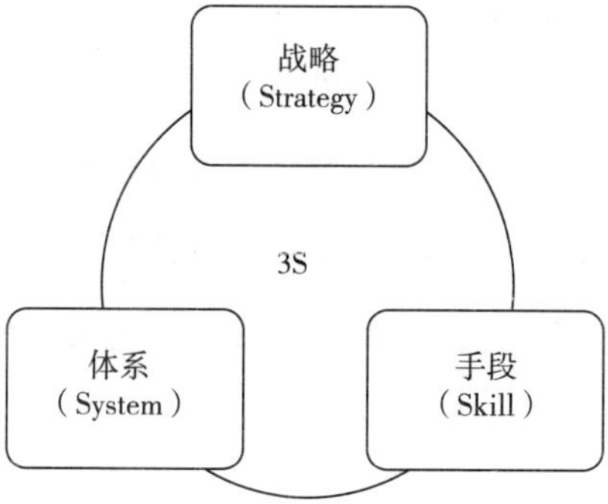

图3－1　企业传播的3S分析模型

一、战略（Strategy）：企业传播的目标分析

传播战略是企业传播的目标和方向。英国学者桑德拉·奥利弗提出，传播战略在理论和实践层面要进行四元控制，即向着核心价值、要规避的风险，不确定的战略因素和关键履行标准等方面进一步发展。[①] 企业的传播战略是对企业战略的传播，源于对企业愿景、发展阶段与社会环境的把握。通过企业传播，实现企业内部运行的稳定与外部环境的健康。在企业声誉塑造过程中，企业传播从关注“品牌—顾客”关系以实现中短期的盈利目标，向着关注“形象/声誉—公众/社会”关系发展，以实现中长期的声誉塑造目标。

① 桑德拉·奥利弗．企业传播：原则、方法与战略［M］．北京：北京大学出版社，2005：112.

一般企业传播的战略目标，包含短期、中期、长期三个时间段的目标。短期，提高企业品牌认知度，为业绩增长创造动力；中期，提高企业形象认可度，为新业务发展创造条件；长期，提高企业声誉认同度，为企业持续发展创造良好外部环境。品牌目标是基于商业维度的，形象目标是基于社会维度的，声誉目标是基于价值维度的。企业传播战略的最终目标是构建较长时期内良好且稳定的企业声誉。

从战略上分析企业传播行为，不仅要关注企业传播的目标，还要关注企业传播战略在企业中的位置。换言之，好的企业传播战略是企业战略不可或缺的重要部分，而不是企业战略的支撑与补充。对企业战略传播能力来说，首要体现的是企业传播的战略性地位，根本目标是企业声誉的持续性提升。

从战略上分析企业传播行为，以企业声誉塑造为核心着眼点，以企业占据舆论制高点、理论制高点和道德制高点为着力点。舆论制高点强调企业要主动发声、持续发声，理论制高点强调将企业发展、企业模式、企业精神等理论化，道德制高点强调企业要开展情感性、人格化的传播活动，讲述企业故事。对企业战略传播来说，重点是传递企业的非商业战略，建构企业的社会公民形象。

对于企业声誉的分析，可以从经营业绩、创新能力、社会责任、战略传播四个维度进行评价，经营业绩包括产品与服务质量、财务表现、管理水平、人才吸引力，创新能力包括技术创新、产品创新、商业模式创新，社会责任包括合规经营、环境保护、社区融入、社会公益，战略传播包括品牌传播、形象公关、危机管理。① 这四个维度是我国研究者基于企业调研、参考国际评价体系得出的分析框架。

二、体系（System）：企业传播的机构、机制、渠道分析

传播体系是实现企业传播战略的保障，也是推动企业传播行为实施的基础。从体系上分析企业传播行为，重点在机构设置、工作机制、平台建设等方面。

机构设置是企业传播体系建立的组织基础。企业传播在不同企业的受重视程度不同，企业传播机构作为非业务部门，在不同企业的角色、定位和职能也存在很大不同。大致来看，可以以“中心—外围”特征来分析企业传播机构的设置情况。居于中心位置的传播机构体现了企业传播在企业中的战略性地位，而居于外围位置的传播机构体现了企业传播在企业中的支撑或补充地位。同时，传播机构负责人在企业内部的位阶也体现了企业传播的地位，较高位阶的传播机构负责人体现了企业传播的较高地位。

工作机制是企业传播有效运转的制度保障。企业传播的工作机制主要包括：信息发布机制、舆情处置机制、对外合作机制、队伍培训机制等。信息发布机制的分析重点是企业信息传播的准确性、长期性、有效性，让企业成为舆论场中关于自己信息的第

① 胡钰．央企形象与国家形象［J］．中国软科学，2016（6）：170－174.

一信源。舆情处置机制的分析重点是企业危机应对中的速度、态度和可信度，能够形成有效的舆情监测、研判、处置流程。对外合作机制的分析重点是企业传播部门与社会各界沟通合作的广泛性与多样性，包括企业与政府部门、专家学者、媒体、公关公司等的合作程度。队伍培训机制的分析重点是企业传播队伍的专业性程度，即企业能否通过持续学习提升企业传播的专业能力。

传播渠道是企业传播体系运行的具体载体。常见的企业传播渠道主要包括人际传播（如企业内部的会议、学习及成员间的非正式传播等）；组织传播（如企业内的报刊、广播、电视台和网站等）；大众传播（如公开发行的报刊、广播、电视台和新闻网站等）；社交媒体传播（如企业自媒体、微信、微博等社交媒体平台）；其他传播渠道（形象代言活动、公益活动、企业开放活动等）。企业传播渠道建设应紧跟媒介技术趋势及公众行为习惯，广交朋友，广搭平台，广发声音。

三、手段（Skill）：企业传播的效果分析

传播手段是企业传播的具体方式，体现了企业传播的技能与技巧。从手段上分析企业传播，重点是专业性和实效性。具体说，企业传播能否适应媒介化时代的传播特征，利用创意传播的内容与形式将企业信息有效地传播给公众。

社交媒体时代的到来提高了对企业传播手段的专业化要求。移动化、碎片化、视觉化的传播行为要求企业传播的内容更加具有吸引力、趣味性、人情味。分析企业传播的手段，不仅要关注

企业传播的覆盖面，更要关注到达率，还要关注接受度。专业化的企业自要实现企业传播内容的故事化、企业故事的人性化、企业传播的视觉化。

在社交媒体时代，企业自身也是媒体，企业自媒体的建设成为评价企业传播手段的重要内容。通过分析企业自建的微博、微信公众号、新闻网站等传播平台，可以分析企业传播的自主化与高效性程度。

企业传播手段受媒介技术发展的影响很大，企业运用“三微一端”、AR（增加现实技术）、VR（虚拟现实技术）、AI（人工智能）等新技术手段，对企业传播内容进行创意包装，可以形成丰富多样的企业传播手段。能否充分采用新的媒介技术，也成为分析企业传播手段的重要内容。

在完全依靠传播媒介进行线上传播活动之外，还有许多企业传播活动将线上传播与线下活动相结合，体现在各类公益传播、社区传播、企业开放日活动等形式上，对这类活动的分析也是企业传播手段分析中的内容。

企业传播的3S分析模型综合了传播学、企业管理学、市场营销学多学科理论，紧密结合了当前企业传播的实践，可以成为当前企业传播分析的有效框架。更重要的是，这一分析框架既可以对企业传播活动进行分析，也可以指导企业传播活动，从而实现全方位、持续性、专业化的企业声誉塑造。

第四章

国外企业声誉建构：启示与借鉴

2000 年 6 月，原美联储主席艾伦·格林斯潘（Alan Greenspan）在哈佛大学演讲时说道："如果竞争是市场经济的引擎，那么声誉就是使之运行的燃料。"① 在当今竞争激烈的全球化市场环境中，企业声誉作为一种特有且不可替代的无形资产，逐渐显现其后发优势。据美国波士顿咨询公司声誉研究所（Reputation Institute）发布的"2017 年全球企业声誉排行榜"显示，美国、日本、德国的多家公司凭借产品、服务、创新、工作场所、公司管理、公民意识、领导力和执行等方面的出色表现跻身全球百强。从企业声誉的建构方式来看，与美国企业依靠先进的生产技术和高精尖产品的研发来构建声誉的做法不同，日本企业之所以

① 邓晓辉．企业研究新视角：企业声誉理论［J］．外国经济与管理，2004（6）：4－19.

长期享有较高的国际声誉，主要与管理者善用中西方哲学思想密不可分，而德国企业则与注重职业教育、生产标准及管理规范等因素不无关系。尽管美国、日本和德国在企业声誉构建方面成就斐然，但是国内学界与之相关的研究成果却不多见。鉴于此，本章将围绕美日德三国上榜的企业为研究对象展开论述。

第一节　日本企业声誉的哲学建构

声誉建构是日本企业文化建设的重要内容，拥有良好的社会声誉是企业实现可持续发展的前提和基础，更是夺取战略性竞争优势的核心和关键。从入围“2017 年全球企业声誉排行榜”百强的佳能集团、索尼公司及丰田汽车等成功案例来看，日本企业的声誉建构是一个长期连贯、循序渐进的过程，其中蕴含着丰富而深刻的中西方哲学思想，它们相对独立又互为关联，既是支撑日本企业声誉建构的文化因子，又是支配日本企业声誉建构的理论依据。就总体特征而论，日本企业为建构声誉所秉持的哲学观，讲求东西方哲学思想的融合与兼用，崇尚现代但也不斥守故，遵循传统但也力争创新。

一、人本主义视角下的声誉建构

自 20 世纪 50 年代起，日本经济进入战后高速增长期，先后出现了神武景气、岩户景气与伊奘诺景气三个连续增长的阶段。日本经济奇迹的发生，成为当代全球经济学家著书立说必不可少的经典案例。其中，很多西方学者把日本经济的崛起归功于企业管理中的人本主义思想。明治维新时期，日本人在西学东渐的热潮中开始接触有别于传统儒学倡导的基于道德理想伦理的人本观。简而言之，它不是道德的自觉贯彻，而是通过理智的运筹实现某种功利的目的。在传统观念与现代思维的激烈碰撞中，日本学者尝试将两种迥然不同的人本观与其国情相结合，逐步建构起带有日本印记的人本主义哲学观。简单来说，它既主张儒学价值体系中的“仁知统一”，也强调西方哲学体系内的“效率原则”。

在日本，人本主义是企业文化的精髓和灵魂，也是企业管理的策略和信条，它倡导唯才是举、任人唯贤的人才观。对于日本企业的声誉构建而言，这种人本主义思想具有不可替代的重要性，索尼公司董事长盛田昭夫曾言：“日本公司的成功之道并无任何秘诀和不可与外人言传的公式。不是理论，不是计划，也不是政府政策，而是人，只有人才会使企业获得成功。”① 被誉为“经营之圣”的松下幸之助也曾说过：“在事业经营中，最重要的事情是发现人才、培养人才。”② “人才”一词出自《易经》的“三才之道”，意指德才兼备、具有某种特长的人，中国自古以来就奉行“唯才是举”的人才观，作为中国政治文化遗产的重要组成部分，该观念影响面甚广，包括日本在内的东亚汉字文化圈国家几乎无所不涉，而盛田昭夫与松下幸之助所主张的人才观

---

① 盛田昭夫．日本造·盛田昭夫和索尼公司［M］．伍江等，译．北京：三联书店，1986：140.

② 松下幸之助．实践经营哲学［M］．东京：PHP 研究所，2001：26.

恰恰是这种哲学思想指导日本企业经营管理的体现。此外，从具有表意功能的汉字结构来看，企业的“企”字既蕴藏着“人于止上”的地位关系，也包含着“以人为止”的目标诉求。在共同体社会的日本，企业作为一种“以人为本”思想的具象化载体，把组织内的个体置于一切要素之首，即便是管理制度、规范、章程的制定，也是以服务员工为主，以约束员工为辅。与此同时，全面给予员工自由、尊严的关注和重视，以此调动员工的主动性、积极性与创造性，进而实现生产效率的提高。索尼公司的最大使命就是发展与员工之间的健康关系，通过家庭式情感的建立，增强员工的责任意识和协作意识；日立制作所则是采用代表公平公正的圆形会议桌，以此表示企业员工不分高低贵贱，与会者均可畅所欲言，平等议事。不胜枚举的案例表明，这种“以人为本”的管理思想已然成为支撑日本企业进行声誉建构最基本的理论依据和最核心的文化要素。不过需要注意的是，受资本主义体制影响，日本企业的人本主义管理模式也存在过分强调法人支配、编制内外有别等难以调和的弊端，这也在一定程度上影响了其在海内外市场的声誉建构。

二、质量主义视角下的声誉建构

纵观二战后世界经济发展史不难发现，日本经济的迅速崛起不仅在于生产工具的先进性，更在于生产理念的哲学性。具体而言，除质量工具外，“日本制造”的高品质离不开其传统文化中的“匠人精神”。所谓“匠人精神”，从狭义上讲，是指对生产的产品精益求精、追求极致的工作理念；从广义上讲，是指格物致知、正心诚意的生命哲学，也指技进乎道、超然达观的人生信念。在构建声誉的过程中，日本企业这种精进不休的“匠人精神”发挥了至关重要的作用。

得益于质量优先的管理意识和生产实践，日本企业于战后雄飞突进，快速实现了“物美品优”的目标，正如美国质量管理专家约瑟夫·莫西·朱兰（Joseph M. Juran）所言：“日本人在质量方面的成就是他们成为经济超级大国的主要原因。”① 事实上，战后重建之初，囿于生产技术落后，加之物质资源匮乏，日本企业生产的产品并不尽如人意，“日本制造”常因流于粗制滥造而饱受诟病，这也使得日本的对外贸易活动严重受挫。为扭转海外营销不畅的困局，日本科学技术联盟（JUSE）于20世纪50年代邀请美国抽样理论与质量管理专家爱德华兹·戴明（Edwards Deming）赴日传授美国的质量管理经验及其提出的管理思想（详见图4－1）。在该联盟的积极推动下，日本各大企业掀起了一股质量管理热潮，此后十年间，不仅培训出两万余名统计质量控制工程师，而且将质量管理的概念也拓展为全公司质量管理（CWQC），极大地丰富了质量管理体系的知识内容。在此背景下，“日本制造”幡然成为高品质的代名词，日本企业也因此迅速攻入并逐渐占领国际市场。与此同时，以“质量圈理论”为核心的管理准则也随之成为全球经济领域关注的焦点。

① J. M. Juran. The upcoming centuary of quality［J］. Quality Progress，1994（8）：29－38.

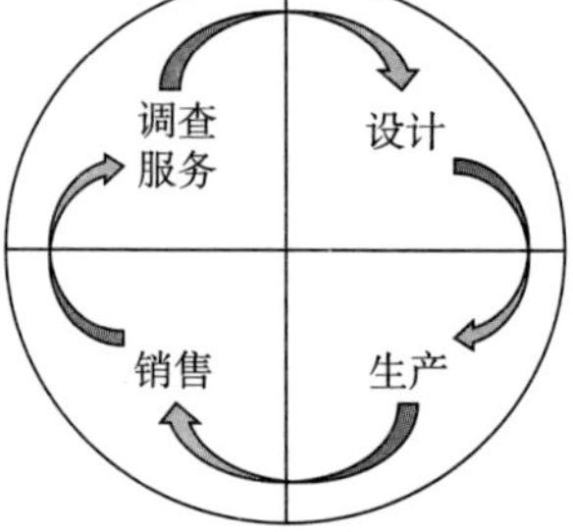

图 4－1　戴明循环图

在竞争日益激烈的现代市场经济条件下，日本企业的管理者普遍认为，产品质量如同人格，质量不过硬就是人格不健全，所以他们均把质量至上奉为圭臬，通过持续改善不断提升产品品质。从全球享有较高声誉的日本企业来看，它们无不在思想上坚守“匠人精神”，在管理上遵循“墨菲定律”，即按照“100－1＝0”的检验公式严格执行质量标准。对此，盛田昭夫曾强调：“不要迷信广告万能，低劣的或时机不对的产品，靠广告和宣传也是无法推销的，而靠大幅度削价来清除货存，则是破坏企业声誉的最坏办法，真功夫要用在提高产品质量和抓准上市时机上。”① 朝日啤酒株式会社成立于 1889 年，是日本最著名的啤酒制造厂商，拥有日本啤酒市场 40% 的占有率，它一贯秉承精益求精的生产宗旨，强调要通过最好的品质和真心的行动谋求顾客的满意。此外，作为近年来世界服装行业最成功的案例，优衣库有着与其产品价格极不匹配的质量监控机

① 盛田昭夫，下村满子．日本制造［M］．周征文，译．北京：中信出版集团，2016：252.

制，比之于业界2%～3%的平均次品率，优衣库则要求工厂要把次品率降至0.3%，也就是说，一件T恤衫若有一根0.5毫米的线头即被判定为次品。正是这种追求极致的“变态级”品控，不但为优衣库赢得了全球消费者的广泛赞誉，同时也获得了与之匹配的高额利润。

三、集团主义视角下的声誉建构

集团意识是日本传统精神重要的组成部分，也是东方文化的核心特点，它源自日本人对于公私观念的自觉与反省，贯穿于日本社会生产结构、消费结构和运转方式的整体集约化过程，强调国家荣誉、民族感情与集体利益。在哲学领域，公与私是一对领域概念，也是一对关系概念，公指代个人所属的共同体，具有集团属性，主要包括政治层面的国家共同体、社会层面的工作场所等，而私与公相对应，具有个体属性，如相对于大的共同体而言小的共同体、个人等。①

第二次世界大战以后，发展经济与改善生活成为日本社会的主旋律。企业作为公的存在，沿用了集团主义经营模式，并通过“终身雇佣制”使员工与企业相与为一，成为同气连枝的命运共同体。凡有成就的日本企业无不认为，只有公私观相须而行，才能实现自我价值的最大化。滨口惠浚与公文俊平在《日本的集团主义》一书中指出：“日本的自我之所以能够实际发挥集团水平

---

① 王猛．战后日本人公私观的变迁［J］．日本问题研究，2017（1）：1－9.

的行为主体性，就是将他人和可以共感的感受性以及自我所属集团和自我同一化，自我的感情投入集团的倾向非常强烈。正因为如此，日本人可以通过集团的目标来满足自己的要求。”① 正如上文所述，公的兴衰荣辱与私的切身利益如鱼似水，密不可分。受此公私观念的影响，日本员工普遍具有维护企业信誉与提高企业声誉的奉公意识，为使自己所属的集团立于不败之地，他们恪尽职守，忠贞不渝。在《丰田的秘密》中，记录着某位丰田员工第一次约见女婿时的谈话：“我没有其他要求，只希望你和你的家人今后都开丰田车。”② 毋庸赘言，以丰田公司为代表的日本企业通过终身雇佣制所营造的虚拟家族感使员工产生强烈的依赖感与归属感，并于无形之中渗透着集体利益高于一切的价值观，进而激发了员工以家为企、视企如家的奉公意识。日本三菱公司的领导者认为：“人都是感性的，只要尊重和关心每一位员工，他们自然会通过努力工作来回报这种恩情，从而对企业忠诚。”③ 据日本总务省统计，从1960年到1990年，日本人的年平均劳动时间都在2000小时以上，在世界各国劳动时间排名中“独占鳌头”。④ 在强烈的奉公意识下，日本员工把企业视为超越一切的存在，以致主动加班形成常态化。他们把企业效益的增

---

① 叶渭渠．日本文明［M］．北京：中国社会科学出版社，1999：288.

② 若山富士雄，杉本忠明．丰田的秘密［M］．李孙华等，译．北京：北京出版社，1978：122.

③ 李梦媛．日本武士道民族精神与日本企业文化研究［D］．山东师范大学硕士论文，2015：25.

④ 宫崎勇．日本经济图说（第3版）［M］．东京：岩波书店，2001：108－110.

加、规模的壮大作为个人的奋斗目标，孜孜不倦，埋头苦干。严谨务实的工作作风，加之精益求精的工作态度，使得日本制造终成精品、优品的代名词，日本企业也因此赢得了良好的国际声誉，同时颠覆了资本主义传统思想的认知："一个国家个性自由主义的程度与该国的贫富有很大关系。所有的富裕国家都在个性主义一边，而所有的贫穷国家都在集体主义一边。"①

四、和敬主义视角下的声誉建构

"和敬"一词源自日本茶道四谛"和敬清寂"，其中"和"字既代表着外在形式的和谐，也代表着内在情感的和悦，而"敬"之意则源自禅宗主张的"我心即佛""万物皆有佛心"等心佛平等观，体现在茶道中就是"一座建立"，即指参与者地位平等，彼此要相互尊重。由"和"与"敬"共同组成的"和敬"一词，意为人们要互敬互爱，共创共享和谐气氛。

涩泽荣一被誉为"日本近代实业之父"，他在《论语与算盘》一书中提出，论语加算盘就能使国家经济兴旺，这种东方伦理加西方技术的企业文化模式，对推动日本经济的迅速发展起到过巨大作用，并在全球企业界引起强烈反响。英国著名学者李约瑟（Joseph Needham）在《中国人的世界科学技术观》中写道："古代中国人在整个自然界寻求秩序与和谐，并将此视为一切人

① 叶远峰．现代企业团队建设研究［D］．哈尔滨：哈尔滨工程大学，2003：3.

类关系的理想。”① 在儒家哲学中，孔子提出一系列以“和”为内容的伦理观，譬如“和而不同”、“以和为贵”及“知礼而和”等，它们不仅成为推动中国封建社会两千余年发展的主流思想，同时也在世界范围内产生了深刻而广泛的影响。在日本，“和”的概念是由遣隋使、遣唐使输入的，而后与日本传统文化相结合，形成独具日本特色的“和”文化。在日本社会关系中，“和”文化具有和谐、宽恕、容忍、接受、认可及顺从等多重意味，它支配着日本人的物质生活和精神生活，不少带有日本特色的事物被冠以“和”字，常见的有“和歌”、“和服”、“和食”及“和扇”等。在日本企业中，维持和谐的人际关系与营造和谐的工作氛围是日本社会内部奉行的基本准则，因为企业管理者深知“和气致祥，乖气致戾”的道理。京都陶瓷公司总裁稻盛和夫认为，企业管理者应该与员工打成一片，甚至可以通过自嘲的方式增强自身的亲和力，以此营造并融入团结和睦的工作氛围。在日本，很多企业重视图书馆、足球场、篮球场等基础活动设施建设，同时通过组建俱乐部、定期组织聚餐以及集体旅游等方式为员工创造更多的交流机会，这些做法既有助于团队精神的巩固，也有利于和谐气氛的维护，而因“和”而起的一切也终将转化为企业形象的美化与企业声誉的维护。

作为“和”思想的基础和前提，“敬”文化源自中国博大精

① 潘承烈，虞祖尧．中国古代管理思想之今用［M］．北京：中国人民大学出版社，2001：40.

深的儒家哲学。孔子指出，君子应有九思："视思明，听思聪，色思温，貌思恭，言思忠，事思敬，疑思问，忿思难，见得思义。"① 作为九思之一，"事思敬"意指君子在行事时应该考虑"敬"。比之于外在表现的"恭"，"敬"是通过内在的心理及精神层面来体现的。孔子有言曰："出门如见大宾，使民如承大祭。"引文意为，行仁主体应该时刻处于恭敬谨慎之中，接人待物不可有丝毫懈怠与不恭，它所蕴含的哲学思想对于人的主观能动性的发挥意义重大，并且具有突出的指导作用，即强调作为个体要敬重他人，肯定他人的成就和价值。日本企业的服务意识远近闻名，这与其践行"事思敬"不无关系。在日本企业内部，管理者按照等级秩序协调员工行为，主张下级对上级、晚辈对长辈、公司对客户以及本公司对外公司等都应该以"敬"为至重。对于以服务见长的日本企业而言，奉行"敬"之观念是其构建声誉的文化战略。简而言之，它既是企业健康成长的重要基因，也是企业可持续发展的精神内涵，更是企业赢得消费者认可的先决条件。近年来，日本国内物价持续上涨，迫于生产成本压力，2016 年 4 月，赤城乳业生产的一种的棒冰不得不于 25 年后上调 10 日元（约合人民币 0.6 元），为此，赤城乳业董事长井上秀树率领公司百名员工集体鞠躬致歉。从实际效果来看，这种措施不但成功化解了经营者与国内消费者之间的矛盾，同时也帮助企业赢得了消费者的一致好评。显然，赤城乳业的上述做法已然成为

① 鲍鹏山．鲍鹏山新读论语［M］．上海：复旦大学出版社，2009：289－290.

日本企业践行敬文化的注脚。

五、全球主义视角下的声誉建构

“全球主义”思想可以追溯到古希腊罗马时期斯多葛学派的世界主义，它是一种区别于国家主义的世界整体论和人类中心论的文化意识、社会主张、行为规范。也就是说，全球主义既是一种思维方式，也是一种付诸行动的主张和构建现实的规范，它包含着全球意识但并不止于全球意识，它指向社会实践，并积极介入社会现实的整合。[①] 全球主义的兴起是当代世界经济全球化的历史逻辑，也是人类物质文明高度发展的必然结果。日本远离大陆，是四面环海的岛国，这种“与世隔绝”的地理格局使其很早就滋生了“见弃于世”的自卑感和危机感，与此同时伴有强烈的忧患意识与向外意识。据《隋书·倭国传》记载，早在公元600年，日本圣德太子就“遣使诣阙”到中国学习先进的中国文化，此后两国交往绵延不断。明治维新以后，日本将求学对象转向更为先进的西方国家，对外交往的范域也逐渐扩大，第二次世界大战结束后，强烈的全球战略意识渗透到日本企业的内部管理与外部经营中。

受世界政治和经济格局变化的影响，自20世纪60年代起，日本企业的海外投资逐年增加，跨国经营的规模愈渐增大。从拓展的途径和模式来看，日本企业的海外投资最先起步于东南亚和

---

① 蔡拓．全球主义与国家主义［J］．中国社会科学，2000（3）：16－27.

拉美等地区的发展中国家，待产品质量提升与海外营销经验丰富后，逐渐进入发达国家市场。之所以选择该种模式与途径，与日本企业的全球定位及对外战略不无关系。简而言之，尽管战后初期日本谋求成为世界经济大国，但是囿于生产技术的滞后、产品质量的低下以及他国制造商的压制，国际竞争力不足的日本企业不得不把发展中国家作为拓展海外市场营销能力的实验基地，而后随着生产技术的进步，产品质量得到大幅度提升，日本企业遂将营销目标转移至以美国为重心的发达国家市场。凭借高质量的“日本制造”，日本企业不但获得了国际市场的认可，同时也赢得了广大消费者的赞誉。如今，大多数日本企业都着眼于国际市场，并把改善和服务全球作为自己重要的经营理念（见表4-1）。面对日益激烈的国际市场竞争，越来越多的日本企业开始将广告投放于海外。2016年8月，优衣库请来知名广告公司Droga5制作并发布了第一支LifeWear全球广告片，这个充满文艺气质的广告借助人们对“Why do we get dressed?”这一哲学问题的思考，强调LifeWear系列品牌对服饰品质、设计感和舒适度的追求，并将优衣库与“只注重最新趋势的快时尚”区别开来。同年11月，日本最大的在线电商——乐天株式会社击败众多竞争对手，与西班牙足球甲级联赛传统豪门巴塞罗那足球俱乐部达成合作，拟从2017年至2021年担任巴萨球衣胸前广告赞助商，并将于签约四年间向巴塞俱乐部每年提供5500万~6150万欧元的赞助费。从上述两则广告来看，一些实力雄厚的日本企业不吝巨资，正在通过海外市场的高额广告投放推行品牌的全球推广战略，而这也必会推动企业海外形象的塑造以及全球声誉的构建。

表4－1 著名日本企业的经营理念

序号	企业名称	经营理念
1	松下电器	为世界文化的发展做出贡献
2	丰田汽车	为世界各国经济社会的发展做贡献
3	朝日啤酒	为实现全球人民的健康与富裕社会做贡献
4	三井物产	打造满足全球顾客一切需求的国际综合实力企业
5	夏普公司	为广泛的世界文化和福祉的提高贡献力量
6	佳能集团	为世界的繁荣和人类的幸福贡献力量

六、环境主义视角下的声誉建构

奥尔多·利奥波德（Aldo Leopold）是美国著名生态学家和环境保护主义的先驱，也是环境哲学的奠基人。他在《沙乡年鉴》中提出的“大地伦理”概念，成为20世纪环境哲学的核心观念。大地伦理的贡献在于将人类共同体的边界延伸到大地，包括土壤、水、植物、动物等，① 它对以往的纯经济关照所导致的环保系统的失衡具有极大的纠偏作用，它向人类提出要把对自然的单向索取修正为索取与回报并举。从性质上来讲，这是一个倡导众生平等，消解人类中心主义的观念。

日本人常说日本没有资源，有的只是阳光和空气。面对资源

① Aldo Leopold. A Sand County Almanac and Skeches Here and There ［M］. New York: Oxford University Press, 1949. P204.

缺乏的客观现实，日本人倍加珍惜固有的自然资源。然而，20世纪60年代以前，日本曾因过分追求经济的恢复和发展而忽略了生态环境的保护，特别是经济高速增长政策的施行，导致日本能源消耗巨大，环境污染严重，甚至出现了震惊世界的“四大公害”事件，惨痛的教训让日本社会清醒地认识到，经济发展不能以牺牲环境为代价。为此，日本政府先后颁布了《环境污染控制基本法》、《公害对策基本法》、《水质污浊防止法》及《大气污染防止法》等一系列法规，以此防止公害的发生，实现环境保护的目的。尔后，在塑造企业形象与构建企业声誉的过程中，越来越多的经营者意识到，它们的存在价值不仅是要向社会提供物美价廉的产品和优质服务，更要反哺社会，履行社会责任，尤其要把经济利益与环境保护结合起来。为此，它们采取了“工业公害防止”措施，普遍采用清洁能源与清洁生产技术，尽量将污染产生和毒性降低甚至消除。从《公害对策基本法》到《21世纪议程行动计划》，再从《环境白皮书》到《推进建立循环型社会基本法》，日本政府一直在为企业与环境之间建立一种和谐、有序、畅通的关系而努力，这种关系反映在国家文化中就构成了独树一帜的人文标识，它有助于企业取得广泛的社会信任，塑造良好的公众形象，赢得较高的国际声誉。2008年，日本政府继续发力，正式启动2050年CO_2减排50%的长远开发计划，除扩大再生资源的利用外，培育并扶持了大量低碳技术的研发项目。从近年来取得的社会效果来看，日本企业的能耗和节能技术已经居于世界前列。以佳能集团为例，绿色理念始终贯穿于产品的技术、采购、生产、销售、使用、回收、再生等各个环节，尤其在生产过程中，佳能集团参照欧盟、美国等相关标准，最大限度地减少二氧化碳的排放，同时对所用材料做到“零填埋”，即填埋报废品也不会污染环境。在日本企业的共同努力下，以建立低碳化社会、循环型社会和与自然共存的社会为核心的环境立国战略得以落实和执行，这也让新“日本模式”再度享誉全球，成为世界各国争相效仿的典范。

综上所述，声誉建构是日本企业文化建设的重要内容，创建并维护良好的社会声誉既是企业可持续发展的保证，也是企业对外竞争制胜的关键。从佳能集团、索尼公司及丰田汽车等成功案例来看，日本企业的声誉建构蕴含着东西方传统文化哲学思想。一方面，人本主义强调以人为先的管理秩序，质量主义强调精益求精的生产原则，集团主义强调忠贞不渝的奉公精神，和敬主义强调互敬互爱的处世行为，全球主义强调服务世界的宏观视野，环境主义强调生态保护的社会责任。另一方面，人本主义与环境主义是日本企业进行声誉建构的伦理基础，二者的结合体现了日本企业坚守“天人合一”的整体观哲学思想，和敬主义与全球主义共同彰显了日本企业崇尚民胞物与、万物和谐的价值观，质量主义与集团主义则是辩证唯物论指导日本企业进行声誉建构的双向表征。概而言之，六大哲学思想的交叉融合，不但为日本企业的声誉建构贡献了独一无二的智慧，同时也为他国企业的声誉建构提供了大有裨益的参考。

第二节　美国企业声誉的文化建构

美国企业普遍重视声誉建设，从“2017 年全球企业声誉排行榜”来看，美国以 46 家企业入围的绝对优势无出其右。研究发现，美国企业表现强势与其先进的企业文化管理机制不无关系。美国社会倡导独立、自由的精神，肯定人的价值及其作为社会主体的重要性，这种精神贯穿于企业经营活动中，具体表现在“鼓励”与“激励”并举的管理方式上。

一、美国企业声誉发展现状

2017 年 3 月，美国波士顿咨询公司声誉研究所（Reputation Institute）发布了“2017 年全球企业声誉排行榜”，具体排名的生成主要是基于 17 万名熟悉入围企业的受访者的反馈，使用的数据测量系统包括产品和服务、创新、工作场所、公司管理、公民意识、领导力和执行等因素。在这份百强榜单中，迪士尼、谷歌、英特尔及微软等 46 家美国知名企业上榜，并以超出次席 72% 的绝对优势卓荦超伦。

根据计量史学数列分析方法，本节试将美国企业之于全球声誉排行榜中的分布进行等值区间划分。从图 4－2 来看，美国企业在全球企业声誉排行榜中的分布相对均衡，每段区间皆有入围者。其中，若以 10 家为区间单位，61—70 区间分布最多，11—20 区间次之，二者相差仅为 1 家。颇为巧合的是，这两个区间

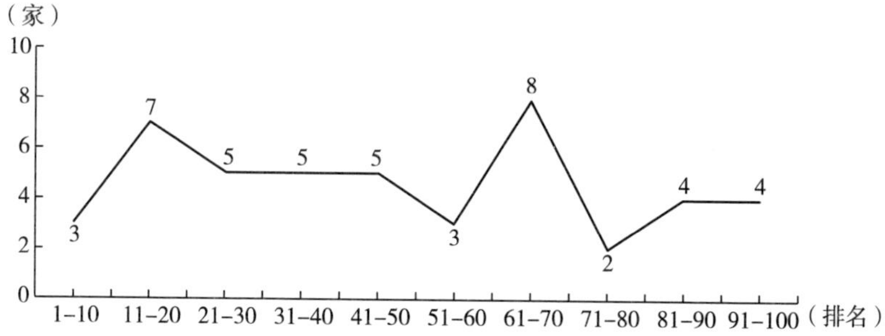

图4－2　美国企业百强声誉区间分布图

均位于前50家和后50家的第2区间。除此之外，位于前50家与后50家的第1区间也同为3家，而且前后50家的第4、5区间也处于均衡态势，唯有第3区间略有波动，相差3家，如果后50家第3区间也为4家，该数据区间走势将会形成完全一致的分布格局。上述几组数据足以说明，美国企业普遍重视声誉建设，因此榜单出现了十个区间均有美国企业入围的均衡格局。此外，若以50家为区间单位，1—50区间分布最多，达到25家，比51—100区间多出4家，这表明美国企业的声誉建设势如阪上走丸，不仅入围全球百强的企业舳舻相继，而且跻身第一集团的企业数量占据了榜单的半壁江山，完全处于一时无两的强势地位。

二、美国企业声誉的文化建构

对于企业发展而言，声誉建构是一个复杂又漫长的演进过程，各种因素相互影响，稍有不慎便可能清誉扫地，然后被市场所抛弃。鉴于此，管理者有必要将声誉建设作为企业管理的有机组成部分给予重视并加以关照。从近年来全球企业声誉排行榜来看，与日本企业声誉的建构路径不同，美国企业之所以表现强势，与其管理机制内部的企业文化不无关系。作为学术概念，“企业文化”（Corporate Culture）一词始现于1980年美国《商业周刊》，是时，以托马斯·彼得斯（Thomas Peters）为代表的美国管理学专家逐渐意识到企业文化对于企业发展具有不可替代的重要作用。简而言之，优秀的企业文化不仅可为企业发展不断注入活力，而且能给企业带来无形的经济效益。在美国，企业文化被称作“企业生命常春藤”，在一定程度上，它是社会文化的缩影，是企业在建立和发展过程中逐步形成并日趋稳定下来的文化积淀，主要包括企业价值观、企业精神及以此为主导的企业行为规范、道德准则、社会信念和企业风俗，以及在此基础上形成的企业经营意识、经营指导思想、经营战略等。[①] 作为从属于民族文化的亚文化，企业文化的形成与发展带有深刻的民族文化的烙印。如果研究一个国家的企业文化，不把视角放到民族文化中，则很难把握它的实质和精髓。因此，讨论美国企业声誉的文化建构，必须建立在其民族文化的基础上。在美国文化中，个人主义、英雄主义和理性主义占据着核心地位，这些特征反映到企业文化中就是追求自主与自由，崇尚冒险和竞争。在美国各届总统的就职演讲及国家安全战略报告等各类稿件中，“自由”和“民主”是两个标志性的高频词汇，它们体现了美国人崇尚独立、自由、肯定人的价值及其作为社会主体的重要性，这种以人为本的

① 陈佳贵．企业管理学大辞典［M］．北京：经济科学出版社，2000：38.

精神贯穿于美国企业的经营活动中，具体表现在经营者对员工采取“鼓励”与“激励”并举的管理方式上。

（一）鼓励式管理

1. 鼓励员工竞争

在争取独立的过程中，为摆脱宗主国的控制，追求自由成为美国民众最核心的社会价值取向，即便在企业经营管理中亦是奉行自由竞争。美国企业之所以提倡员工进行合理有序的自由竞争，是因为通过激烈竞争脱颖而出的员工，他更能发挥积极性、主动性和创造性，充分展现其特长和才干，并实现自我价值的突破。原通用电器公司总裁杰克·韦尔奇（Jack Welch）说过：“美国人天生就是赢家，而不是抱怨者，所以不要纵容、资助或设法保护他们。要鼓励他们去竞争，让他们接受挑战。”①

2. 鼓励员工冒险

在美国，很多企业愿以重金资助有冒险精神、勇于挑战的员工并为其承担相应的风险，即便员工失败也会被派遣回到原来的岗位，享受原有的待遇，例如，戴尔公司一直鼓励员工要有冒险精神，成功与否无关紧要；而麦当劳的创始者克罗克更是直言：“成就必须是在战胜了失败的可能、失败的风险后才能获得的东

① 宋长琨．美国企业文化中激励机制的特点探析［J］．桂林航天工业高等专科学校学报，2001（4）：29－31.

西，没有风险就没有取得成就的骄傲。"[①] 在这种冒险精神的鼓励下，该公司极其"热衷于改革，以致公司的气氛，与其说像一家大公司，倒不如说像一间实验室，里面聚集着狂热的发明家和无所畏惧的想开创一番事业的实业家，它们任自己的想象海阔天空，纵情翱翔"。[②]

3. 鼓励员工创新

创新是一种具有高度自主自由的创造性活动，美国的《财富》杂志一直将创新精神作为评选美国最受推崇企业的重要标准之一，这与美国企业推崇"允许失败但不允许不创新"的理念车轨共文。在美国，鼓励员工创新绝非泛泛而谈，相关规章制度会被一一落到实处。例如，IBM 公司的总裁托马斯·沃森（Thomas Watson）每次巡视企业遇到创新意识和能力突出的员工都会立刻取出支票给予奖励；为鼓励员工不断创新，柯达公司每年也会拨出 150 万美元作为奖励金，各类优秀提案都会被张榜表彰，这种屡试不爽的鼓励式管理在促使员工竞相献计献策的同时，也为企业的持续发展提供了重要的智力支持和保障。

4. 鼓励员工自我管理

所谓员工自我管理，从企业来说，是指企业把一个阶段的工作或一个完整的项目，交给员工个人或一个小组自我管理自我完成，管理部门只提出工作进程、质量、安全等有关要求和应注意

① 纪光欣，王凯．论美国企业的"创先文化"［J］．山东经济，2006（2）：137－139.

② 宋长琨，鞠成军．美国企业的几个文化理念［J］．经营与管理，1998（4）：36－37.

的问题；从员工来说，是指员工个人或工作小组，根据企业的发展战略和目标，自己制订工作计划，实施控制，通过自我管理去实现目标，[①] 具体包括弹性工作时间安排计划、员工个人的工作自我管理以及具有充分自我权实行自我指导的团队式工作小组制三种形式。其中，在团队式工作小组内，员工有权来决定雇员、裁员及安排假期等工作，而领导的职责只是鼓励员工自己解决问题。

（二）激励式管理

1. 激励员工获得更高报酬

科学管理理论的主要倡导者泰勒（F. W. Taylor）主张应该精确地研究影响人们行动的动机。在结合当时社会生产力水平的基础上，他提出了“胡萝卜加大棒”“差别计件工资制”等一系列激励措施，后来他的助手甘特（H. L. Gantt）又补充提出了利用金钱进行刺激的“奖金制度”。美国拥有成熟的市场经济体系，其劳动力市场接近于完全竞争，这意味着，所有企业均可以利用更高的薪资招聘到优秀人才，所有员工也都能通过跳槽的方式获取更高的报酬，这种体系对企业的绩效影响极大。美国企业员工的报酬一般由基本工资、刺激性工资与福利金三部分组成。其中，刺激性工资是以高于一般生产率作为基础，与员工个人的业绩紧密联系的报酬形式，如果说基本工资是为留住合格员工的话，那么刺激性工资则是通过增加工资的办法来激发员工的积极

① 林章兵．美国、日本现代企业的比较制度分析［D］．福州大学硕士论文，2004：30.

性，鼓励他们把工作做得更好。美国企业实行的刺激性报酬制度种类很多，如计件工资、计时奖励等，从实际效果来看，这种报酬形式在激励员工方面成效最为显著。

2. 激励员工实现自我价值

在双因素理论中，赫茨伯格（Herzberg）通过调查发现，能够使员工感到满意的因素都是工作本身或工作内容，而不满的因素则多为工作环境或工作关系，包括公司政策、管理措施、人际关系等。对此，美国企业十分重视能够带来积极态度、发挥激励作用并实现自我价值的因素，惯用做法便是提供具有成就感、充满挑战性、能够获得成长和发展机会的工作岗位。在美国企业中，一方面，员工可以选择自己喜欢的工作内容，也可以跟管理者商量工作调换等问题；另一方面，管理者积极听取员工对工作绩效的自我评价，帮助其分析职业发展前景及未来亟须提升的技能，为他们提供继续教育以助其实现发展途径的多样化。简言之，要使员工既能够在管理层级的阶梯上纵向升迁，也可以在水平相当的职位上横向发展。[①] 此外，通过特殊项目把发展员工的绩效与对组织的贡献联系起来，培养员工的大局意识，增强其对企业的归属感和自豪感。

近百年来，从经验管理到科学管理再到文化管理，在不断更新和完善企业管理理论的过程中，美国始终扮演着“领路人”

① 刘正周．当今美国企业是如何激励员工的［J］．外国经济与管理，1996（4）：20－21.

的角色。当前，我国正处于经济体制转轨的关键期，国有企业迫切需要从顶层重新设计，吸收和引进美国可资借鉴的企业管理理论，结合我国基本国情做好国有企业声誉管理体系研究，这对于改善和提高我国企业声誉的整体管理水平，实现国民经济持续、快速、健康发展意义重大。

第三节　德国企业声誉的科学建构

第二次世界大战结束后，德国重新走上工业化道路，创造了经济发展的奇迹，国民生产总值快速攀升。如今，因汽车、机械、钢铁等实业闻名于世的“德国制造”已然成为高附加值、精益求精的代名词，各类产品无不体现着精密、务实、安全、可靠和耐用五大特征。被誉为“竞争战略之父”的迈克尔·波特（Michael E. Porter）在《国家竞争优势》中写道：“在这个世界上没有一个国家（包括日本）能够在如此牢固的国际地位中展示其工业的广度和深度。”① 毋庸赘述，拥有良好的国际声誉是德国经济持续发展的重要引擎，美国波士顿咨询公司声誉研究所（Reputation Institute）发布的“2017 年全球企业声誉排行榜”显示，德国的博世集团与阿迪达斯公司凭借产品、服务、创新、工作场所、公司管理、公民意识、领导力和执行等方面的出色表现

① 迈克尔·波特. 国家竞争优势［M］. 李明轩，邱如美，译. 北京：华夏出版社，2002：343.

成功跻身十强。与美日企业建构声誉的路径不同，德国企业享有良好的国际声誉与其注重职业教育、生产标准及管理规范等因素不无关系。

一、重点发展双轨制教育

创建科学的教育体系是所有国家提升教育水平和人力资源水准的重点和关键。德国政府深谙人才对经济发展和社会进步的重要性，所以十分重视国民教育，并在长期实践中形成了独树一帜的人才培育体系，尤其是双轨制教育的实施为德国制造业培养和输送了大批高级技术人才。所谓“双轨制教育”，是指接受职业教育的学生在学校学习理论知识、在企业学习实践操作的教育模式，培养经费大多由企业提供，所有从普通中学毕业的学生皆可选择一项国家认可的职业，向招收学徒的企业报考，录取后学制三年。一方面，职业学校和企业根据《州学校法》《联邦职业教育法》等法律条例，依照市场经济法则密切配合，共同负担起培养职业人才的责任。由于双轨制教育注重理论和实践的结合，学员就业时能够快速进入工作状态，而且培训设施几乎都是国际最先进的机器设备，保证了职业教育的高水平，因此德国的职业教育证书在全球经济界享有很高的声誉。另一方面，德国政府一直致力于提高企业和学生参与职业教育的积极性，并定期出台一些带有激励性质的项目，譬如，2014 年德国联邦教研部启动了 Jobstarter 项目，旨在鼓励中小企业为年轻人提供更多的职业教育机会和岗位，在各类激励项目的影响下，德国约有半数的中学毕业生接受职业教育。可以说，德国的教育结构与产业结构的匹配度相当高，发展也相对均衡。

二、不断完善管理模式

作为全球三大企业管理模式之一，德国企业管理模式在世界久负盛名，以宝马、大众汽车为代表的德国企业备受世界各国瞩目，它们的管理模式也被作为经典案例编入教材，很多内容对中国企业尤其是国有企业改革颇具参考价值和借鉴意义。德国企业管理模式的形成与其宗教信仰和民族特性密切相关，宗教主张博爱、平等、勤劳、节约等价值观念，这些对企业的影响巨大，日耳曼民族具有的冷静、理智、守信、严谨等品格无不浸透于企业管理中，因此，德国企业逐渐形成了完全按照规章制度进行生产的传统。在欧洲，德国是实施员工参与企业管理制度最成功的国家，美国著名的管理学家道格拉斯·麦格雷戈（Douglas McGregor）认为，员工参与管理是一种为了能让员工的所有能力得到充分发挥，鼓励员工为实现企业目标贡献出更多力量而设计的参与方式，员工参与管理对企业管理有着至关重要的影响。总而言之，通过员工参与影响企业的决策有利于增强员工的积极性和主动性，促进企业整体生产水平的提高。在德国，健全的法律法规为企业员工参与管理奠定了坚实的执行基础，也提供了良好的权益保障，例如《员工参与管理法》明确规定大型企业要按对等原则由劳资双方共同组成监事会妥善处理各种分歧矛盾，德国的《企业法》则规定凡员工达到5人以上的企业都要成立员工委员会，主要任务就是维护员工的各项权益，这些保障制度的建立不仅强化了企业员工的主人翁意识，同时也调动了员工的工作热情，激发了员工的创造潜力。

三、确保产品质量过硬

在德国企业文化中，无论是管理者还是员工都有着非常强烈的责任意识和质量意识，这与日本企业完全相同。德国人认为世界上并不存在物美价廉的商品，只有精品和次品，所以比起暂时的利益，德国企业更重视通过标准化程序生产高质量产品，追求精益求精的价值观已成为企业管理者和全体员工的自觉行为。在生产过程中，如果生产标准或技术规范要求一个螺丝拧满 12 圈，德国员工绝不会只拧 11 圈，正是这种认真负责、毫无懈怠的工匠精神确保了产品质量，使“德国标准”成为生产顶级精品的代名词。事实上，早在德国经济高速发展的 20 世纪 60 年代，很多企业就已经开始考虑产品市场竞争力的问题，譬如，钢铁巨头克虏伯公司着眼于产品的转型升级，并迅速由初级制造转向高层次的精加工，专门生产无缝钢管和特钢，尤其是特钢的生产水平遥遥领先于其他国家，产品质量更是享誉全球。德国企业在长期发展过程中形成一个共识，就是产品只有达到质量标准才能投放市场，它们认为只要对顾客负责，顾客就一定会重复购买或为产品做出正面宣传。因此，德国企业从不会为迎合顾客而在质量上做出任何妥协和让步。汽车工业是德国质量的代表行业，拥有健全的质量管理机构和体系，各公司均设有专门的质量管理机构，质量管理部直属董事会，质量管理人员逐队成群，他们不仅要参与设计质量的审查工作，同时还要对外购原材料和零配件的质量进行监督管理，以期能够建立一个稳定生产合格品的生产系统，如奔驰公司每天都会从生产线上抽出两辆汽车进行全面检测和反复试验，只要发现一个零部件不合格，该批次产品就会被全部退回。德国著名企业家罗伯特·博世（Robert Bosch）对产品质量也是朝督暮责，“宁可失去金钱，也不能失去信誉”是其恪守不渝的经商原则。如今，博世集团已经成为全球领先的技术与服务供应商，“博世”品牌也随之成为可靠品质的代名词，在工业技术、建筑智能化技术等诸多领域弛声走誉。

四、持续推进产品研发

德国工业高度发达，总产值位居世界前列，这主要归功于德国政府对各类企业研发活动的引导扶持。早在20世纪70年代，为提升技术开发和创新能力，德国政府先后出台了《中小企业组织原则》《中小企业促进法》等一系列支持和激励企业建立研发机构的政策法规，有效推进了企业与高校、企业与科研机构之间的密切合作，逐渐形成了一套完备的研发体系。德国是一个崇尚“科学自由、科研自治”的国度，以马普学会（MPC）、弗劳恩霍夫应用研究促进协会（FhG）、亥姆霍兹联合会（HGF）、莱布尼茨学会（WGL）为核心的科研机构俯拾皆是，在基础理论与应用技术研究方面取得了显著成效，而高校不仅是从事基础研究的核心力量，也是培养科技人才的重要载体。近年来，德国政府试图通过精英倡议计划大幅度提升德国大学的综合实力与全球知名度，以吸引更多海内外优秀人才到德国高校工作。此外，企业每年也会投入雄厚的研发资金，欧盟公布的 2013 年各行业研发资金 50 强排行榜显示，在研发投入超过 2260 万欧元的企业中，德国以 130 家企业占据首位，约占总数的 25%，其中大众汽车以 95 亿欧元独占鳌头，戴姆勒与西门子也跻身 20 强之列。著名发明家、西门子公司创始人维尔纳·冯·西门子（Ernst Wernervon Siemens）认为，自身企业的迅猛发展与其拥有强大的研发能力密不可分，对此，他曾说道："即使在大多数情况下，这些发明没有得到专利的保护，它们也始终使我们领先于竞争对手，在竞争对手赶上我们之前，我们又通过新的发明再次获得领先地位。我们的工厂之所以能持续不断地发展，仅仅是因为我们的产品质量可靠，在全世界享有很好的声誉。"①

五、建立安全保障机制

德国联邦政府设有专门的劳动社会保障部，各州设有劳动局，通过建立事故重罚机制对企业的安全管理进行监督，以保障员工的安全和健康。此外，联邦政府委托德国标准化协会（DIN）集中统一管理标准化工作，涉及建筑工程、采矿、冶金、化工、电工、安全技术、环境保护、卫生、消防及运输等各个领

① 沃尔弗拉姆·魏默，阿洛伊斯·魏默等．实业先驱——20 位德国企业家巨头［M］．匡奕文，等译．北京：新华出版社，2000：279－280.

域，内容包括作业环境是否达到健康标准、防护技术是否完备、安全培训是否符合规定及相关措施是否到位等。更重要的是，德国在保护员工安全方面有着健全的法律法规。德国的《劳动保护法》明确规定，企业经营者（雇主）有保护员工安全与健康的责任和义务，所以各大企业均把安全生产作为经营管理的重要环节来抓，通过相关立法对生产安全事故加以防范和控制，以最大限度地降低工伤事故发生率，凡发生造成人身伤害或影响企业正常作业的事故都会依据国家和行业有关法律条例进行调查并给予严肃处理。在德国，企业处理事故的成本非常高，如果当年发生重大事故，企业次年的保险费则将被大幅度抬升，若连续多年没出现工伤事故，保险费用则会被相应减免。例如，矿山企业需要根据《工伤保险法》向矿业工会缴纳工伤保险费，具体额度取决于事故发生率的高低，一旦发生事故则需要支付巨额资金，这种处罚力度加强了矿山企业的自我约束，促使其主动改善生产条件以降低工伤事故与职业风险发生的概率。在健全的安全管理制度下，不仅德国企业管理人员拥有较高的安全生产管理能力，而且作业人员也普遍有强烈的安全意识，这也多被企业管理方向的研究者视为德国企业获得成功的不二法门。

六、重视社交媒体传播

德国信息经济、电信和新媒体行业协会（Bitkom）对 700 家企业进行问卷调查的结果显示，在德国，有近半数的企业在通过社交网站开展工作，有 15% 的企业正准备使用社交媒体。可以说，社交媒体已经成为德国企业进行内部沟通和外部宣传的重要载体。德国信息技术、通信及新媒体协会主席迪特尔·肯普夫（Dieter Kempf）说："支持使用社交媒体最重要的理由来自企业的公关部门。人们希望利用社交媒体技术开拓与顾客沟通的新模式。"① 社交媒体扎根于德国民众的日常生活，作为第二重要的通信工具，每天至少有一半的德国人使用社交媒体进行联络。德国企业普遍认为，加入社交网站不仅可以增加企业知名度，而且能赢得更多的顾客，所以极为重视能够展示企业文化和品牌形象的社交网站，譬如脸书（Facebook）、推特（Twitter）等。为有效使用社交媒体进行营销、服务与招聘，很多德国企业设置了"社交媒体经理"的岗位，为企业员工和管理者提供社交媒体使用咨询服务。从传播效果来看，这些社交媒体在打造企业品牌、塑造企业形象和建构企业声誉等方面卓有成效。

① 德国企业利用 Facebook 增加知名度［OL］. 2012 - 5 - 14. http：//finance. cankaoxiaoxi. com/2012/0514/37866. shtml.

第五章

国企形象建设体系：挑战与规律

国企形象是一个复杂的话题，要描述清楚似乎很难。国企形象是强大的，进入世界500强的中国央企数量持续上升，国际竞争力提升，体量巨大，在国家重大科技奖励中也是斩获众多；国企形象是担当的，在自然灾害救援、海外救援中，国企总是冲在最前面，在保障经济运行、保障国防安全中也是不可替代的。但国企又时常存在负面形象的一面，例如，垄断、低效、高薪、腐败、封闭、傲慢等老旧的印象总是伴随着国企。

第一节　国企的改革历程与存在价值

1978 年党的十一届三中全会至 1993 年党的十四届三中全会的 15 年是国企改革的第一阶段。在这一阶段，国企主要通过放权、让利、经营承包制等进行改革，目标是搞活企业、扩大企业自主权，把国有企业引入市场，提出建立“国家调节市场，市场引导企业”的机制。经营承包制短期内可以调动企业经营者积极性，但其会导致短期行为，容易忽视企业发展后劲，出现“杀鸡取卵、竭泽而渔”的问题。到 1991 年年末，国有企业出现了明亏、暗亏、盈利各占三分之一的“三三制”，企业的承包制也就推行不下去了。

1992 年邓小平同志南方讲话之后，中央打破了思想上的禁忌。党的十四届三中全会提出，建立社会主义市场经济体制，国企改革因此进入第二阶段。从党的十四届三中全会到党的十六届三中全会的 10 年里，国企改革坚持“抓大放小”，收缩战线，让国有中小企业退出，让困难企业破产；转变企业经营机制，建立现代企业制度；分离企业办社会的职能，减轻企业包袱。党的十四届三中全会通过的《中共中央关于建立社会主义市场经济体制若干问题的决定》将现代企业制度概括为“产权清晰、权责明确、政企分开、管理科学”，今天看来，对推动国企改革具有开拓性意义。召开党的十五大时，国企改革在理论上有不少创新。例如，公有制经济“不仅包括国有经济和集体经济，还包括混合所有制经济中的国有成分和集体成分”，并且进一步指出，“公有制实现形式可以而且应当多样化”，提出股份制是一种重要的资本组织形式。1998 年，中央提出，计划用 3 年时间完成国企改革攻坚战，以实现使大多数国有大中型亏损企业脱困的目标。到 2000 年年末，国有大中型企业 3 三年脱困目标基本实现，并初步建立起现代企业制度。

从党的十六大、十六届三中全会开始，国企改革进入第三阶段。在此之前，国企没有统一、明确的归口管理机构，常常是一个国企班子成员可能由五六个部委来任命。党的十六大决定成立国资委，对国有资产管理体制进行重大改革，从体制机制上推进“三分开、三统一、三结合”的改革，即政企分开、政资分开、经营权和所有权分开，确立了“权利、义务和责任相统一，管资产和管人、管事相结合”的国资监管重大原则。随着新型国资监管体系的建立，国有企业实现了突飞猛进的发展。2002 年到 2012 年，全国国有企业营业收入由 8. 53 万亿元增加到 42. 38 万亿元，年均增长 17. 4%；实现利润由 3786. 3 亿元增加到 2. 2 万亿元，年均增长 19. 2%；上缴税金由 6960. 4 亿元增加到 3. 35 万亿元，年均增长 17%。国企对国家税收贡献显著，2012 年全国税收总收入完成 10. 06 万亿元，国企的贡献超过 30%。

在 2010 年年底召开的中央企业负责人会议上，国资委提出“十二五”时期中央企业改革发展的核心目标：做强做优中央企业、培育具有国际竞争力的世界一流企业。对每一个中央企业来说，要努力做到“四强四优”，即自主创新能力强、资源配置能力强、风险管控能力强、人才队伍强；经营业绩优、公司治理优、布局结构优、社会形象优。习近平同志在 2009 年大庆油田发现 50 周年庆祝大会上讲话时指出，大庆的实践启示我们，国有企业的发展和进步，必须同国家和民族的命运紧紧联系在一起，必须坚持马克思主义科学理论的指导，必须始终坚持全心全意依靠工人阶级的根本方针，必须突出科技创新这个主题。[①] 这四条基本经验是对国有企业发展50年经验的总结，也是对未来国有企业发展的指导。

国企持续的市场化改革取得了巨大成效。2013年世界500强榜单中，中国企业有95家上榜，其中内地企业86家，包括45家国资委监管的中央企业，22家地方国资委监管的国企。而在20世纪90年代中期，我国最大的500家国有企业全年销售收入的总和还不如美国通用汽车公司一家的销售收入。

西方经济学普遍认为，公有制与市场经济不相容。但中国坚持走的是中国特色社会主义道路，就不能让这种理论来束缚自己，而要独立自主地探索自己的道路。中国国企改革发展的实践，坚持市场化改革方向，放权让利也好，经营承包也好，抓大放小也好，混合所有制也好，实际上都是在不断探寻公有制与市场经济结合的方式。按照党的十八届三中全会审议通过的《中共中央关于全面深化改革若干重大问题的决定》（以下简称《决定》）的表述，"国有企业总体上已经同市场经济相融合"。公有制经济发展是中国特色社会主义道路、理论、制度和文化的重要组成部分。我们要坚持道路自信、理论自信、制度自信和文化自信。如果把国有企业搞垮了，我们很难有自信；如果没有国有经

① 习近平在大庆油田发现50周年庆祝大会上的讲话．资料来源于人民网，2009－09－23.

济的蓬勃发展，我们只能走完全西化的邪路。

中国国有企业的发展不但对中国探索自己的社会主义道路有重要意义，对世界社会主义运动也有重要意义。有学者认为，世界科学社会主义实践可以划分为两个阶段：第一个阶段是从1917 年苏维埃政权建立到 1992 年中共十四大召开的 75 年，社会主义的实践是计划经济的社会主义；第二个阶段是从 1992 年至今，社会主义的实践是市场经济的社会主义。事实上，整个中国的社会主义事业，尤其是国企改革取得的成效，对世界科学社会主义实践有重要意义，这种意义还会不断凸显。对我们来说，研究国企理论，推进国企实践，就是从理论与实践两方面探索中国自己的道路，这样的道路是实现中国梦的重要基石。为此，我们需要对国企的发展模式有清晰的认识，需要思想上的定力、方法上的定力，不能被各种纷繁的理论或者来自外界的噪声影响了自己的思考和判断。准确把握国企的功能和特殊价值，可从以下四个维度来理解。

首先，坚持基本经济制度。《决定》指出，“坚持和完善基本经济制度”。基本经济制度，是改革开放以来我们探索中国道路的宝贵财富。公有制为主体、多种所有制经济共同发展的基本经济制度不能改变。按照《决定》的内容，基本经济制度“是中国特色社会主义制度的重要支柱，是社会主义市场经济体制的根基”。一个是支柱，一个是根基，这是我们的制度基础。没有支柱就塌了，没有根基就松了。我国经济学泰斗陈岱孙先生曾指出，国内西方经济学研究和教学工作的突出缺点是述而不作、述而不批。在西方经济学研究中，过去是盲目排斥，现在是盲目崇拜。他认为，“近年来我们一些学者倾向于将西方经济现状和前景描绘成一片光明。这些学者对西方经济的看法往往比西方国家的学者还要乐观得多”。我们要相信自己这么多年的探索是正确的、值得的，我们走出了一条适合自己的道路。40 年的改革开放，我们没有走邪路，也没有走老路，我们在根据实际走自己的正路、新路。对中国来说，基本经济制度就是坚持走自己道路的压舱石。有没有战略定力，关键在于我们能不能坚持基本经济制度，不能坚持，后果将不堪设想。《决定》指出，“必须毫不动摇巩固和发展公有制经济，坚持公有制主体地位，发挥国有经济主导作用，不断增强国有经济活力、控制力、影响力”。一个是“主体地位”，一个是“主导作用”，说得很清楚。我们在根本问题上不能犯颠覆性错误，这是个原则问题。

其次，提升国际竞争力。当今世界国与国之间的竞争，更多地体现为大企业之间的竞争。美国在世界 500 强企业的榜单上始终占据首位，从一定意义上说，这比其 GDP 总量占世界第一更有价值。一个国家是否在国际上有竞争力，关键看其是否有大企业。中国要实现民族复兴，必须要有自己的大企业，才能提升自己的国际竞争力。大企业，首先要大，有一定体量，当然更要强和优，有相当的竞争力。从这些年中国企业“走出去”的情况看，绝大多数都是国有企业。当然，在日益深化的经济全球化进程中，我国企业的规模依然不够大，产业集中度依然过低。在国际竞争中，全球主要行业的产业集中度都很高，少数几家大企业占据产业大部分份额，形成强大国际竞争力。从积极参与全球竞争的目标来看，与国际企业巨头的实力相比，我国国有企业的重要性愈发凸显，加快发展的紧迫性愈发凸显。

再次，保障国家安全。国有企业是具有特殊使命的企业，坚持国家利益至上，服从国家战略，切实履行好经济责任、政治责任和社会责任，立足自身优势和条件为国家做出贡献。国有企业要保障国防安全。最近解密的一大批军事武器，譬如航母舰载机歼－15、大型运输机等，都是由国企设计、制造的。国企要保障经济社会安全，具体包括能源安全、粮食安全和信息安全等。改革开放以来，中国经济 30 多年的快速增长，煤电油运需求量增长了几十甚至上百倍，但是我们没有出现大面积的短缺，这得益于国有企业提供的有力保障。绝大部分的原油、天然气、乙烯等石油化工重要产品，几乎全部的基础电信、电力供应、铁路和公路运输服务等都是由国有企业提供的。不论是价格倒挂还是节假日，为了保障市场供应，国有企业干部职工都是加班加点满负荷运转。在历次自然灾害、突发事件救援中，国有企业也都发挥了重大作用。一旦发生灾情，电信企业冲上去接通线路，石化企业冲上去保障能源供应，电力企业冲上去抢修电力，所有这些都是不计成本的，都是为了保障社会安全。在 2011 年利比亚大撤侨时，国资委根据中央部署第一时间成立应急办公室，调集大规模航空、航运企业力量去接人，成立利比亚四个区块的前线临时指挥中心协助指挥所有中资企业撤离。这其中涉及的所有国企，都是不讲条件完成任务。用企业自己的话说：“我们是中国的国企，每逢国家和人民有难时，我们有义务有责任冲在最前面，宁可牺牲自己，也要保护国家和人民的利益。”

最后，实现共同富裕。邓小平同志指出：“一个公有制占主体，一个共同富裕，这是我们所必须坚持的社会主义的根本原则。”① 党的十八大指出：“共同富裕是中国特色社会主义的根本原则，要坚持社会主义基本经济制度和分配制度。”为什么？根据马克思主义原理，生产资料所有制决定分配制。坚持公有制的主体地位，才能保证财富分配不向极少数人集中，才能让创造出来的财富惠及广大人民。新中国成立以来，我们党始终坚持公有制的主体地位，强调发挥国有经济的主导作用，就是为了保证社会主义方向不动摇，保护最广大人民的根本利益。没有了共同富裕，也就没有了社会主义性质。在这其中，国有企业的健康发展具有重要意义。以私有制为基础的资本主义市场经济会带来很强的“造富”功能，但这种“造富”往往是集中在少数人身上的。比如美国最上层1%的人群占有了超过1/5的国民收入和超过1/3的国家财富，在国际金融危机后，这种两极分化持续拉大，中产阶级受到严重挤压，2010年，CEO平均年薪与普通工人年薪之比甚至达到243∶1。作为社会主义国家，我们需要市场效率，我们也要警惕两极分化。国有企业属于全民所有，国有企业没有自己的特殊利益，有的只是国家的利益、人民的利益。国有企业的健康发展，公有制的主体地位，对于保证持续扩大的中产阶级阶

① 邓小平．邓小平文选（第三卷）［M］．北京：人民出版社，1993：111.

层，对于实现公平与效率的平衡，对于实现中国经济可持续发展至关重要。

国有企业特别是中央企业经过这些年的发展，整个面貌已焕然一新，竞争力、创新力、带动力、保障力和内在活力越来越强。下一步，要根据中央部署，围绕布局的战略化、治理的市场化、竞争的国际化、信息的透明化，进一步深化改革，为推进国家现代化、保障人民共同利益、实现中华民族伟大复兴的“中国梦”做出更大贡献。

第二节　国企形象面临的负面舆情与成因分析

2015 年 4 月，人民网舆情监测室发布《央企社会形象研究报告》对央企舆情的判断是，2014 年是我国全面深化改革“元年”，整体舆情环境趋向理性，全年涉及央企的新闻报道达到约 24 万余篇，以正面中性为主。舆论热点涉及管理、改革和发展三个层面，其中对于国资监管、央企改革的认识逐渐客观，争论焦点转向具体实施层面。报告认为，央企舆论环境发生着潜移默化的转变，在“反腐”“国企改革”“走出去”“合并重组”“社会责任”等舆论热点中，两个舆论场对于央企的态度，既相互辉映，又分歧严重，在褒贬不一的舆论环境下构成了央企新语态。具体来看，在“改革”“合并重组”“走出去”这三个热点话题中，央企获得两个舆论场的认同度增加。然而，两个舆论场在某些话题上分歧较大，热点话题中“反腐”和“社会责任”两个话题凸显了央企在舆论场中的两难境地。[①]

国企在舆情中面临的挑战在于正面报道数量很多，但负面报道的影响远比正面报道要强。数百篇正面报道，不及一篇负面报道对企业形象的影响大。有媒体将央企与煤老板面临的形象危机相提并论：央企虽然还没有到过街老鼠人人喊打的地步，但至少是难以引起人们的尊重，甚至在一些时候让人嗤之以鼻，以前只知道煤老板一人暴富，却污染环境，全村遭殃，但自从看到了报道，才知道堂堂央企也把尾矿偷偷排掉，不但居民怨声载道，还嫁祸给了民企。更有甚者，在百度上编辑了“央企地王”的词条：央企地王就是中央企业（由中央政府监督管理的国有企业）参与地产行业，并与地方房地产企业一同参与地产招投标，招投标过程中由于中央企业财大气粗，商品房用地通常以高价被央企所拍得，结果使地产价格猛升，地价记录经常被刷新，这些创纪录的高价地便被称为“央企地王”。央企频频在“地王”争夺战中胜出，被认为是房价疯涨的催化剂。词条显然是经过精心编辑的，其中的分析很多，特别是有些负面报道，例如，如果继续纵容这些超级央企参与市场竞争、与民争利，必然会把正常的市场供需秩序割裂，使市场走向畸形的供需格局。正如我们所看到的房价收入比指标畸形一样，这些超大央企仗着资本优势，打压民企，不计成本拿地，制造“地王”导致地价大幅拉升，从而造

① 央企社会形象的舆情特点［EB/OL］. 人民网，2012－04－08. http：//yuqing. people. com. cn/n/2015/0408/c395291－26815686. html

成未来的商品房价格被悬在高位。有钱人接连买房、囤房，而没钱的人连一个卫生间也买不起。[①] 这一系列舆论上的批评和标签，已经严重损害了国企的形象。尽管国企在履行环保责任上投入力度大、技术先进，尽管央企在全国房地产市场份额中的百分比仅仅是个位数，但是，舆论中的国企形象已经很难与实际中的国企行为画等号。仅从 2013 年 4 月上市公司年报公布以后看，国企的负面舆情就很有冲击力。其中，最引人注目的问题是亏损和招待费。当时，多家媒体报道："十大巨亏企业 1 年亏 500 亿全是央企或地方国企"，甚至用"两市最大败家子榜单出炉"的字样。据多家媒体报道，在 2012 年的年报中，1720 家上市公司披露了"业务招待费"，共计 133 亿元。其中，招待费排名前十的均为国企，这十家上市公司一年用于吃喝应酬的费用共计 29.07 亿元。试想一个完全不了解国企的公众看到这些报道，会有何感想？会对国企产生好印象吗？

国企在社会舆论中面临打板子、抓辫子、扣帽子的问题。打板子，是指对于国企存在的局部问题进行归纳深挖，设置负面议题的问题突出报道。对于企业发生的经营业绩、安全生产、环境保护、薪酬福利、廉洁自律等问题，都可能被媒体放大，形成社会舆论热点。抓辫子，是指对于国企干部员工的不慎不当言行进行放大，采取情绪化的批评。对于一些个别人的问题贴上国企标

---

① 央企地王词条［EB/OL］. http：//baike. baidu. com/link？ url = bzxgHQ9i1yiwkz0sw nk-sHTYl3PxIqd8Wk3Uj7o5 wUY – oI zq_ 1_ uvlpxvou_ 9clViCuI75sPy6QFnrW4qGi – nWa.

签进行放大，动辄即以“国企高管”如何如何来报道。扣帽子，是指强调国企的所有制性质，从理论基础上质疑国企的公有制属性，认为国有经济与市场经济是矛盾的，是搞不好的。

国企在社会舆论中常常面临“两难困境”：从经营业绩看，如果经营业绩好了，被说成是垄断，如果经营业绩不好了，被说成是低效；从社会捐赠看，如果捐的少了，被说成是不履行社会责任，如果捐的多了，被说成是用公家的钱买私人的情。

国企的社会形象建构正面临着重大挑战，国企舆情中的突出特征是：价值判断多、事实判断少，负面化、情绪化、标签化情况突出。中石化新闻发言人表示，中石化曾是负面新闻的重灾区，2012 年，在国资委管理的央企负面舆情中，中石化占 16%，媒体关注中石化的信息总量为 55 万条，平均每天 1522 条，其中正面信息只有 19%，负面信息占 42%。“就是说每天平均有 639 人次在骂中石化，经过媒体传播放大的负面舆情 492 次。”①

国有企业发展到今天很不容易。20 世纪 90 年代，我（胡钰）的父亲就是陕西一家国有企业的厂长，在我的印象里，他天天早出晚归没有周末，但企业总是很难，父亲的工资也非常低。1996 年我大学毕业，那时没有多少同学愿意去国有企业工作。但时至今日，国有企业在世界 500 强的数量已经遥遥领先，国有

---

① 吕大鹏．去年每天 639 人次骂中石化［EB/OL］．2013－11－10. http：//paper. oeeee. com/nis/201311/10/135956. html.

企业特别是央企已经成为大学生理想与向往的求职之选。如果问国有企业依靠什么实现了突飞猛进的发展？答案就是改革，持续的市场化改革。

在国有企业的市场竞争力和经济实力不断提高的同时，国有企业的软实力、美誉度却没有得到相应的提高。当前出现的国有企业声誉不高的问题表明：国有企业美誉度和贡献度、软实力和硬实力严重不匹配。从国企“走出去”的情况来看，也遇到了同样的问题。一些西方媒体为了打击中国企业，说中国人到非洲等国家投资是在掠夺别国的资源，破坏别国的环境，这实际上是阻挠中国企业的国际化发展。在英国广播公司（BBC）2011 年拍摄的纪录片《中国人来了》（*The Chinese Are Coming*）里，不时出现非洲野生动物管理员对中国人走私象牙的指责、非洲当地工人对中国雇主虐待责骂的指责。在 2015 年 12 月中国领导人访问非洲后，一些西方媒体又开始鼓吹中国正在非洲加速推进“新殖民主义”，想把这里变为“中国的第二块大陆”。随着“一带一路”倡议的实施，舆论战越来越成为一些西方发达国家狙击中国企业“走出去”的重要手段。

国企形象问题的出现是有原因的。经济社会发展加剧转型，舆论生态发生重大变化，国企自身大体量、政府背景及一些历史缺陷，自然就成为社会舆论关注特别是批评的焦点。

一、意识形态差异化

现在国际国内经济学界流行的是新自由主义。这是在古典自由主义的基础上建立起来的一种关于全球政治、经济发展的理论体系，主张国企私有化和贸易、金融自由化。从 20 世纪 80 年代起，该理论成为西方发达国家主流政治党派的主流主张，特别是与长期执政的美国里根政府与英国撒切尔政府直接联系在一起，直接影响了这些国家的政策基调。更重要的是，这一理论还在国际范围内广泛流行，不但成为国际学术界的显要学派，还直接影响了许多发展中国家的政策制定。受新自由主义影响最大的是一些拉美国家，这些国家曾以“自由化”、“私有化”和“非调控化”进行得彻底、迅速而出名。按照新自由主义理论，国有企业要最大限度地私有化。中国坚持的是马克思主义政治经济学，按照这一理论确立了社会主义初级阶段的基本经济制度，毫不动摇巩固和发展公有制经济，毫不动摇地鼓励、支持、引导非公有制经济发展，推动各种所有制取长补短、相互促进、共同发展，同时公有制主体地位不能动摇，国有经济主导作用不能动摇。这两种不同理论的立场、观点、方法都是不同的，显然在看待国企发展上，得出的判断也是不同的。

二、国际竞争白热化

2000 年 9 月 19 日，美国总统克林顿在电视讲话中说，如果中国能够加入世界贸易组织，外部竞争能够加速中国国有企业的消亡。但事实上，这些年，以央企为代表的大型国有企业已成为在国际市场上与跨国公司竞争的强有力对手，成为我国参与全球资源配置和全球市场竞争的主要力量。2015 年，央企资产总额、营业收入、利润总额均实现持续增长，入选《财富》世界500强企业榜单、由国务院国资委监管的央企达到47家。建筑施工、水电建设、核电建设、电力装备制造、轨道装备制造等行业的央企技术能力已经达到世界先进水平，在国际市场表现出很强的竞争力。全球排名前十的大型桥梁一半以上是由中交集团参与设计建造的。中材集团凭借具有完全自主知识产权的水泥装备技术和完整的水泥工程产业链，国际市场占有率连续5年位居首位。国务院国资委也提出：央企在国内厮杀不是本事，要从国内市场、低端市场退出。在央企业绩考核中，国际化经营已是重要考核指标之一，央企的利润很大一部分来自海外。为了削弱中国国企特别是央企的国际竞争力，在2012年5月举行的第四轮中美战略与经济对话中，以盖特纳为代表的美官方称，中国国有企业享有巨额政府补贴及各项“不公平”的政策倾斜，盖特纳多次呼吁中国对此做出改革，要求中国必须更多地依靠民营企业而不是国有企业，要求提高国有企业的红利上缴比例。与此同时，在“西强我弱”的国际传播格局中，丑化、妖魔化中国国企特别是央企也就成为自然而然的行为。

三、社会利益分化

中国社会转型期的各种矛盾越来越突出，中央企业和地方政府的利益诉求不一，国民收入分化加剧，这些都使得央企成为矛盾焦点。由于央企行政级别较高，央企税收与地方财政关系不大，地方政府对本地的央企始终抱有复杂的心情。一旦在环保、安全生产等方面出现问题，就开始向央企施压。2015 年 1 月 9 日，兰州市政府有关部门向媒体发布通报，点名批评了中石油下属企业兰州石化公司，列数其污染情况，要求兰州石化向市民“道歉”。兰州石化也迅速做出了回应，除了承认错误和表态加强管理之外，多名兰州石化的中层干部表示，兰州市这是在“逼宫”让兰州石化搬迁。有媒体报道：“兰州石化被批评背后：地方政府与央企矛盾公开化”。①

四、媒体格局变化

中国的媒体格局正在发生重大变化，从“官媒”到“商媒”到“网媒”再到“自媒”。过去那种由政府掌握单一信息出口和传播渠道的时代一去不复返。当前，对国企形象来说，“两个舆论场”不统一的问题非常突出。在官媒中，国企总体保持着正面的形象，而在非官媒中，国企的形象就是模糊的甚至负面的。从实践中看，商业化媒体、社交媒体的传播原则是：反常放大，框选事实，逆向思维，关注故事、细节、数字，主动贴标签，为“非官方少数人”代言，关注“非官方信息源”。世界经济论坛发布的《2013 年全球风险报告》在针对 50 项全球风险所做的年度调查基础上，提出了三大风险考验，即经济和环境风险抵御力、高度互联世界中的“数字化野火”、骄傲自满对人类健康的

① 刘伊曼. 兰州石化被批评背后：地方政府与央企矛盾公开化［EB/OL］. 2015 - 01 - 14. http：//news. sohu. com/20150114/n407775616. shtml

威胁。报告认为，社交媒体这一开放的系统使得信息以惊人的速度在全世界传播，其标准和制度虽尚未明确定义，但已初现端倪。高度互联的通信体系让我们受益匪浅，但同时也助长了那些有意无意误导或煽动他人的不实信息的肆虐传播。[①] 世界经济论坛发布的《脆弱的精英——2013 年地缘政治风险》报告也认为，在网络和社交媒体的传播作用下，领导者们参与“损害控制”的难度越来越大。如今，即便一个无伤大雅的不当举动也足以在一夜之间葬送政治明星或企业社团的前途。在网络媒体的这种即时“暴政”面前，政府、企业、甚至大型媒体组织根本无力招架。“被舆论认为不称职的精英人士，自然就成为最脆弱的一环。”在这种“数字化野火”的吹袭下，国企的一个不当言行就会被放大，不论当事人还是当事企业都成为“脆弱的一环”。

五、内部问题显性化

近年来，国企在取得巨大成绩的同时，内部管理上积累的问题也越来越多。这些问题在当前信息公开的环境下越来越多地表露出来，成为社会公众对国企诟病的重要源头。这其中，关于薪酬、履职待遇、业务支出等的意见很大，不但公众有意见，而且政府体系内的议论也很多。2014 年 8 月，中央全面深化改革领导小组第四次会议审议了《中央管理企业主要负责人薪酬制度改

① 李·豪威尔. 2013 年全球风险报告（第八版）［R］. 日内瓦：世界经济论坛，2013.

革方案》《关于合理确定并严格规范中央企业负责人履职待遇、业务支出的意见》。这次会议提出，改革开放以来，中央管理企业负责人薪酬制度改革取得积极成效，对促进企业改革发展发挥了重要作用，同时也存在薪酬结构不尽合理、薪酬监管体制不够健全等问题。要从我国社会主义初级阶段基本国情出发，适应国有资产管理体制和国有企业改革进程，逐步规范国有企业收入分配秩序，实现薪酬水平适当、结构合理、管理规范、监督有效，对不合理的偏高、过高收入进行调整。要合理确定并严格规范中央企业负责人履职待遇、业务支出，除了国家规定的履职待遇和符合财务制度规定标准的业务支出外，国有企业负责人没有其他的“职务消费”，按照职务设置消费定额并量化到个人的做法必须坚决根除。与此同时，在党的十八大后，中央高压反腐，国企的内部问题更加显性化。每次国企领导人出现的腐败问题，都会成为社交媒体舆论场中热议的话题，并引来各种负面的评论。

六、对外沟通弱化

以往国企及国企领导人形成的经营风格基本上是“多做少说，只做不说，能不说就不说”。国企领导人更注重以业绩说话。当前，国企负责人“不屑说、不愿说、不敢说、不会说”的问题普遍存在，不能有效回应社会关切，使公众产生误解或质疑，给企业形象带来不良影响。许多国企负责人没有意识到，如今情况已经变化了，国有企业尤其是央企的竞争力愈发强大，不能再默不作声了。事实上，国企不但要有好业绩，还要有好声音和好形象。在社会对国企关注度越来越高、自媒体越来越发达的时代，国企要主动发声、正面发声，树立良好形象，这已经成为企业竞争力的重要组成部分，也已经成为央企负责人的基本素质要求。从国企“走出去”的情况来看，企业形象不佳对国际竞争力的影响也越来越突出。在“走出去”的过程中，并不是仅仅凭借质量、价格和服务就可以了，形象也非常重要。一些西方媒体为了打击中国企业，拍个片子说中国人来抢别国的资源，破坏别国的环境，极大地丑化了中国国企的形象，给企业国际化发展带来阻力。

第三节　国企形象的体系建设与战略目标

一、国企形象的体系建设

（一）体制与机构

中央企业普遍都有自己的一套新闻宣传机构，然而由于长久以来的体制问题，其在内部机构设置方面渐渐不适应新形势的发展，缺乏良好的新闻资源整合能力，从而影响了企业形象的良好构建。比如，按照传统的新闻机构设置，企业内部往往存在内宣和外宣两套机构，归属于党办、群工部、综合办公室等部门管理。而在过去几十年里，由于企业的人员众多、机构庞大，内宣的作用往往要大于外宣，导致对外宣传经验不足，常常局限于对企业典型人物、优秀事迹的宣传，在宣传手法上也较为传统固化。随着新媒体的勃兴，外宣工作的作用日益凸显，企业的内部资源整合工作也变得越来越紧迫。传统的宣传思路和求稳的宣传定位，与新媒体求新求快求变化的传播特点不相适应。若要利用互联网传播手段推动新国企形象传播，需要从体制机制创新入手，这是国有企业传播的根基，也决定了其未来传播的效果。

国企内部新闻传播资源的整合对于提升国企的形象建设具有重要意义。整合的具体做法可以是，将宣传机构、网络建设、子分公司报刊和电视等相关资源，通过专业划分、责权分配，建成信息资源共享的管理调度平台。整合后由集团层面对新闻采集的信息资料进行共享制作，各媒体根据自身特点对资料、素材各取所需进行专业化加工，然后通过各自渠道发布，主动出击宣传品牌，提升自身形象。

国企应该创新内部的传播体系，建立专业的组织机构。体制机制的保障包括建立专门化的传播队伍，招收专业化的互联网传播人才，为其带来组织结构保障。例如，国资委成立的自媒体“国资小新”由国资委新闻中心负责，具体由网络处运营。运营团队主力人员具有品牌传播、互联网传播方面的一线工作经验，团队成员年龄年轻化。国资委新闻中心的职员构成管理核心团队，确定“国资小新”的定位、方向、战略部署等。在具体操作层面，因不同传播项目的要求，任务不同，会寻求外部的协作团队和支撑团队。互联网时代，信息极速爆炸，个体的知识面和能力已经无法应对所有问题。联合专业化团队，根据不同的内容寻找最优的生产方，将互联网的共享精神植入团队构建当中，才可能制作出专业化、有话题的传播内容。

使用高效的管理方式。互联网传播有一个关键词是“快”，及时发布、及时回应。信息发布迅速的时代，如果不能及时给予官方信息，容易导致谣言四起的被动局面。“快”字在组织结构中需要依靠反应力实现。信息发布需要通过的流程越多，反应力越低。试想，如果连在微博回复粉丝都需要经过领导审批，反应速度必定会随之降低。由于工作难度的增加，会削弱信息发布者的互动热情。简单易行的审批制度造就快速反应力和活跃创造力。

“国资小新”的内容发布采取“不审”的原则，团队内部领导不审，更高级的管理部门也不审。对“审批”权的放手，提高了制作者的主观能动性，加快了信息发布的反应速度。但是，“不审”并不代表“不管理”。每一条信息的发布都由发布人自己审查，发布人经过严格培训，熟悉信息发布的规范和尺度。据调查，虽然在“国资小新”的传播历史中曾出现错别字等传播失误，但没有发生过政策性、原则性失误。

（二）机制与政策

各中央企业自身情况不同，面临的问题不同，对形象建设的侧重点也有所不同。有些企业已经走在了积极探索企业形象建设的前列，同时也有部门企业还没有制定好相应的机制和政策。这在企业面临重大负面舆情事件时表现尤为明显，如部分领导干部思想上不重视，对网络舆情认识不到位，没有把舆情危机管理放在重要位置，没有配备相应的机构和人员，没有相关的保障措施，常常导致危机事件得不到有效处置，甚至出现网络舆情时怕事态扩大，采取“鸵鸟政策”，不及时澄清、引导和处理，导致错失舆情处置良机。为了改变这种状况，国资委新闻中心在成立之初就提出了要在中央企业中建立“五大机制”，加强企业形象建设。这“五大机制”指的是新闻发布机制、舆情监测研判机制、与新闻媒体良好合作机制、突发事件新闻处置机制以及新闻宣传培训机制。

1. 新闻发布机制

企业要学会新闻发布策划，比如确定新闻发布主题、确定新闻发布人、选择好的发布时机、选择合适的发布地点、确定发布受众、选择好表达形式。在这个基础上，要定期召开新闻发布会，精心设置议题，积极主动向媒体“喂料”；不定期举办新闻通气会，积极回应社会关切。

2. 舆情监测研判机制

网络舆情分析与研判，一头连接着舆情的监测与收集，另一头连接着舆情的应对与引导，起着承上启下的重要作用。通过有效的舆情监测研判机制，可以对涉及企业形象的社会热点事件进行很好的分析预测，为企业进行形象建设提供基础和依据。

3. 与新闻媒体良好合作机制

企业应该注重整合自身资源、媒体资源、专家资源、客户资源等，整合一切社会资源为企业所用，建立最广泛的“统一战线”；做到资源共享、责任共担、形象共建。

4. 突发事件新闻处置机制

通过这一机制，建立起高效运转的突发事件新闻处置工作程序，按照启动应急预案、进行舆情监测、形成背景材料、开展新闻发布、保持媒体沟通、评估处置结果等流程做好突发事件处置工作。

5. 新闻宣传培训机制

通过培训，让新闻宣传人员掌握新闻传播的规律和技巧、掌握最新的新闻传播技术手段，不断适应新闻传播新形势。

（三）企业负责人

作为企业形象的一个组成部分，企业负责人的形象对社会公众的影响巨大。正如人们提到马云、马化腾、李彦宏、雷军就会自然想到阿里巴巴、腾讯、百度和小米，提到任正非、董明珠就会想到华为和格力一样，在大众媒介高度发达和民意彰显的时代，企业负责人公共形象的作用和影响日益凸显，企业负责人公共形象的建构和传播成为一个具有重要理论和现实意义的课题。

由于国有企业的地位和作用重要，国有企业负责人的任命较为特殊，使得国有企业负责人显得更为低调，并且缺少鲜明的特点。但国有企业负责人的影响力却并不因此而降低。首先，国有企业负责人兼有企业家和政治家的双重影响力，他们的一举一动更易被公众关注；其次，国有企业负责人的影响力更体现在企业的领导班子集体中。国有企业负责人的职位、资历以及思想、能力、知识、情感等品格因素对于企业形象的建构也有着不容置疑的影响。

除了企业负责人个人形象对企业形象的影响之外，企业负责人对企业形象建设的重视程度更直接影响着企业形象。有无数实例可以证明，当企业负责人重视形象建设，这个企业的形象建设工作就会取得好的效果。但在实际工作中，企业负责人在面对影响企业形象的负面事件时往往有两种截然不同的态度：一种是“删删删”的思维，要求新闻宣传部门想尽一切办法对负面言论进行封堵；一种是“无所谓”的态度，任凭舆情汹涌，“我”自岿然不动。其实，在遭遇负面事件时，企业既不能“有病乱投医”，如聘请公关公司进行不当删帖，也不能当作临时性的、突发性的事务，“头痛医头脚痛医脚”。在企业发展战略中，负责人应当将企业形象建设置于企业发展的战略高度来对待，而这显然与企业负责人的重视程度紧密相关。

（四）新闻发言人

2014 年 2 月，新华网的一篇报道称国务院国资委在当月 18 日公布了中央企业新闻发言人信息，包括各中央企业新闻发言人姓名、职务、办公电话、工作手机、传真及工作邮箱等，以推动企业更加开放透明，更加方便与媒体、公众沟通联系。这一举动引起了公众关注。当年 12 月 25 日，国资委新闻中心联合人民网舆情监测室共同发布《2014 中央企业新闻发言人研究报告》，对 2014 年度中央企业新闻发言人的工作进行综合评判，以回应社会关切。这份研究报告的结果显示，中国石化吕大鹏、中粮集团殷建豪、中国移动张轩、中广核胡光耀、神华集团孟坚、三峡集团朱光明、中冶集团康承业、国药集团石晟怡、中核集团潘建明和中航工业朱宏斌获得2014年度中央企业十大新闻发言人。

报告以112家中央企业为研究对象，通过"企业品牌的美誉度"、"新闻发言人个人品牌传播度"以及"企业突发事件中新闻发言人动态引导经典案例"三个层面的指标，并综合舆情关注指数、网络媒体关注度、新媒体关注度、舆情关注指数、动态引导能力等指数对2014年度新闻发言人的工作进行综合评判和排行。通过对2014年我国中央企业新闻发言人的工作分析和研究，报告总结出2014年中央企业新闻发言人工作整体上呈现以下四大特点：

首先，新闻发言人制度和机制进一步完善。112家中央企业都建立了较为完备的新闻发言人制度，机制的进一步完善为激发企业品牌建设工作活力奠定了良好基础。报告显示，一年来，媒体报道量超过10万条信息的中央企业达19家，占17%。微博关注信息达到10万条的有21家企业，占18.8%。舆论对中央媒体的关注程度远高于往年。

其次，部分新闻发言人颇具央企风范。报告显示，在境内正面信息词频超过3000条、境外正面信息超过500条的新闻发言人有3人。如今，中国企业新闻发言人不仅是中国企业对外发布信息的权威发声筒，而且成为中国企业展示整体形象和传递价值理念的重要窗口。

再次，危机处置和舆论引导能力日趋成熟，但大部分新闻发言人识别度较低。报告显示，央企之间的舆论关注度差距很大。高关注企业 15 家，多涉及通信、房地产、交通、供电等民生领域。超过六成央企的关注度低于基准值的 80%，成为较低关注和低关注央企。

最后，借助移动互联网和智能终端的快速发展，以微博、微信为代表的新媒体成为政务平台发展的新趋势。据统计，截至 2014 年年底，政务微博数量已经超过 20 万，政务微信也得到了快速发展，已经超过 6000 家，包括 20% 的部委、35% 的省级政府和 17% 的市级政府开通了政务微信。

报告从评测结果对改进中央企业新闻发言工作提出四条建议：一是在重大突发事件中，新媒体不能代替新闻发言人；二是在沸腾舆论中，新闻发言人必须“守土有责”；三是央企监管部门要建立完备的新闻发言人服务体系；四是要加强体系化培训，增强企业新闻发言人实战（履职）能力。当年被评为“中央企业十大新闻发言人”之一的中石化新闻发言人吕大鹏，参加了这个报告正式发布前几天举办的第二届中国企业新媒体年会。他在年会上以“我很丑，可是我很坦诚”的话语道出了央企新闻发言人工作的酸甜苦辣。吕大鹏坦言，中石化办新媒体缘于两方面因素：一个是压力太大，“我们发出的声音老是被断章取义。”还有一个缘由，中石化有一个“追求时髦”的董事长——傅成玉。“我们董事长老催着我们办，不办，他就说你给我注册一个账号自己办。”吕大鹏“不好意思被董事长逼，只好自己来办”。

而吕大鹏作为新闻发言人，对新媒体从陌生、抵触到玩转、玩好也经历了一个实践检验的过程。据吕大鹏介绍，中石化注册“石化实说”官方微博之后，恰逢青岛发生“11·22”重大事故。官微立即成为一个信息发布的平台。在第一时间，中石化通报事故调查进展，分析事故原因和教训。“最重要的是中石化的态度，我们道歉、默哀、拉黑屏幕等，这些都通过微博发出去。”吕大鹏说：“犯了错误要勇于承认，我们的态度得到了社会公众尤其是青岛市民的理解。”从以往易被曲解到更多被公众接受，新媒体平台以及新闻发言人制度让中石化这个与公众利益攸关的央企尝到了甜头。吕大鹏说，2012 年中石化全年信息量是 52 万条，负面舆情呈下降趋势。“新媒体在其中发挥了非常好的作用，它成为一个与公众沟通的桥梁，直接、高效”。在某种程度上说，“石化实说”的卡通形象“小石头”成了中石化的另一个“新闻发言人”，而且发言踊跃，一些不适合官方正式表态传递的消息，经由“小石头”就可以说得很好。吕大鹏回忆说，“董事长至少有 10 次跟我说过，这件事情可以让你的小石头去说，小石头说挺好。”

尽管如此，也有媒体在国资委公布中央企业新闻发言人信息后进行了核实，称过半央企新闻发言人的电话没人接。如《羊城晚报》的记者就按照公开名单随机打了一部分企业新闻发言人的手机，发现其中有个别手机号码提示已关机之外，其余所有号码电话都能接通。但有将近一半号码在多次接通后均无人接听，此后也并无回复。《2014 中央企业新闻发言人研究报告》的数据也显示，一年来，112 家中央企业新闻发言人，在各信息渠道累计曝光超过 1000 条信息的只有 15 人，仅占总人数的 13.4%。大部分新闻发言人在媒体上呈低关注度，个人品牌识别度较低，明星企业新闻发言人更少，整体的曝光度与亲和力仍有较大的提升空间。因此，评选央企十大新闻发言人的另一个重要意义，也许更在于起到风向标的作用，意在推动更多央企新闻发言人出来“发声、发言”。因为评选的一个重要标准就是这些发言人一年中至少要露三次面，对社会公众关切的问题及时通报、回应及反馈，取得一定社会效果。

（五）第三方力量

近几年一些央企曝出的负面事件，经由媒体传播以及企业缺乏智慧的回应变成危机事件，影响了企业形象，进而导致当某些企业一旦有任何小的事件苗头，都容易演变成舆情大火，使央企的形象不断受到二次或者多次伤害。

一般而言，央企形象危机包括以下几种情况：

（1）出现重大产品质量安全事故或服务问题、经营危机等；

（2）信息披露、财务问题等；

（3）暴力事件等；

（4）道义纠纷、道德问题等；

（5）网络爆料、贪腐问题等；

（6）谣言传言、不实报道等；

（7）其他威胁公司形象或给公司形象造成不良影响的行

为等。

无论哪一种危机情况发生，企业都应该积极应对引导，与公众坦诚沟通。但从传播学规律来看，仅靠国企自身传播很难取得理想效果，更为关键的是要动员第三方力量来讲述企业的履责情况。通俗来讲，企业主动传播是“我说”，企业外部的第三方力量传播是“他说”。从传播效果上来看，“他说”往往比“我说”更有效果。因此，要动员更多的第三方力量进行“他说”，这样国企形象就会越来越好。

发明以太网的罗比特・梅特卡夫提出了“网络价值以用户数量的平方的速度增长”。在新媒体领域，每一个发声的地方，都可以看成一个节点：话语节点。整个互联网的机制，就是这些节点的平方。互联网精神在于激活网络中的每一个节点，通过“分享”实现“共赢”。例如，“国资小新”借鉴互联网精神，放弃单打独斗的策略，在微博上联合 50 家央企、6 个省国资监管、多家国企和 18 家央企媒体，微信上联合 69 家央企总部微信，客户端层面联合 15 个央企 APP，形成新媒体矩阵。“国资小新”还建立了国资新媒体的“统一战线”，包括中央部委、地方发布、新闻媒体、网络名人、央企媒体联盟和网评员。不断扩充媒体资源，与其他媒体合作，扩大影响范围。“统一战线”建立后，“国资小新”不断强化关系链条，希望通过占据关系链的核心，贴近用户的需求，为用户带来更多的资源，进一步获取社交红利。

实践表明，中国企业要有效参与国际竞争，不但要有好业绩，还要有好行为，更要有好声音把这种好业绩和好行为展示出来，才能真正有好形象。2015 年笔者率队前往澳大利亚、新西兰调研央企海外形象建设时，深感企业海外形象建设的重要性和艰巨性。没有良好的形象，企业根本无法在当地立足；没有坚实的举措，企业根本无法树立良好形象。在树立企业海外形象方面，企业要确立清晰的目标，掌握基本的规律，拿出切实有效、持之以恒的举措，才能逐步取得当地政府和居民的认可，获得较高的美誉度。

在“走出去”的过程中，中国企业亟须将提升企业海外形象作为企业核心战略来对待，既要始终保持鲜明的中国特色，又要积极融入全球浪潮。从国际经验和中国自身发展实际需要来看，中国企业在海外进行形象建设时，要努力完成两个目标：一是成为优秀的国家形象代言人。习近平总书记指出，要注重塑造我国的国家形象，重点展示中国历史底蕴深厚、各民族多元一体、文化多样和谐的文明大国形象，政治清明、经济发展、文化繁荣、社会稳定、人民团结、山河秀美的东方大国形象，坚持和平发展、促进共同发展、维护国际公平正义、为人类作出贡献的负责任大国形象，对外更加开放、更加具有亲和力、充满希望、充满活力的社会主义大国形象。[①]这四个“大国形象”指出了中国国家形象建设的明确方向，也提出了中国国家形象建设的紧迫

① 习近平：建设社会主义文化强国 着力提高国家文化软实力［EB/OL］.2013 - 12 - 31. http：//www. xinhuanet. com//politics/2013 - 12/31/c_ 118788013. htm

要求。二是成为优秀的全球企业公民。企业公民是一种理念，即企业商业行为与社会持续发展的紧密结合。对企业来说，仅仅考虑自身的利润获得，难以保证企业的长期发展，也难以获得社会的尊重。对参与全球竞争的跨国公司来说，更要树立全球企业公民理念，才能获得不同文化群体的认可，才能融入多样化的民族文化中。“全球企业公民”概念最早由世界经济论坛创始人兼执行主席施瓦布教授提出，他认为，全球企业公民理念除了经济贡献外，还包括企业治理、企业公益、社会责任、社会企业家等内容。世界经济论坛执行董事兼首席商务官顾润贺认为，“在创造利润和守法经营的同时，走出国门的企业家们逐步意识到，他们需要在力所能及的范围内为社会做出更大的贡献，由此带来了企业公民责任的升级。”①

二、国企形象的战略目标

国企形象建设的战略主动性首先体现在目标设置的主动性上，即自己确定自己的形象建设愿景，并将这种形象愿景贯穿企业生产经营的全流程，主动在舆论场中进行建设。做好国企形象公关工作，核心是做好企业与社会的沟通工作。因此，要树立国企好形象，就要下大气力与社会各界进行正面沟通，力争打破神秘感。从形象建设效果上看，模糊惹麻烦，透明最有力。模糊带

① 中国企业：你是全球企业公民吗？［EB/OL］．2012 - 04 - 06. http：//money. 163. com/12/0406/02/7UCF342900253B0H. html

来误解、猜测、恐惧，透明带来信任、理解、共识。从企业自身情况和社会认同度看，国企形象的建设目标可确立为阳光国企、责任国企、创新国企、绿色国企等方面。

（一）阳光国企

阳光国企要求企业的形象是透明的、易感知的。通过调研可以看出，社会上许多对国企的认识误区主要来自不了解。为此，对于国企新闻工作来说，一个重要目的就是打破神秘感、树立清晰形象。笔者曾在工作中问过许多专家、媒体人士及在校大学生："对央企形象的直观印象是什么?"许多人不约而同地提到一个关键词：封闭，甚至还有很多人用了"傲慢"这个词。对于央企形象建设来说，"封闭"让公众看不清你，"傲慢"让公众看不上你。"看不清"，企业形象是模糊的，是基于一些负面信息、想象内容建构的；"看不上"，企业形象是负面的，毕竟大体量的企业加上高高在上的姿态，只会让公众云里雾里。

2014 年 10 月 8 日，国务院总理李克强主持召开国务院常务会议，听取对中央企业监督检查情况的汇报，推进国企改革发展。会议听取了国有重点大型企业监事会对中央企业监督检查情况的汇报。会议指出，2013 年以来，监事会树立问题导向，依法履行职责，融入治理结构，发挥制衡作用，工作富有成效。从监督检查情况看，中央企业扎实推进改革，加快转型升级，为经济社会发展做出积极贡献，但部分企业存在经营风险，保值增值压力较大。会议强调，下一步，监事会要创新监督形式，进一步提高监督的针对性、有效性，探索推进国有企业财务预算等重大信息公开，参照有关监督机构及上市公司监事会信息披露的做法，采取适当方式，公开监事会对中央企业的监督检查情况，主动回应社会关切，努力打造“阳光央企”，有效保障国有资产的安全和保值增值，促进国有企业健康发展。

从 2012 年下半年开始，按照国务院国资委党委的统一部署，在国资委宣传局的指导下，国资委新闻中心大规模、集中性地策划开展了“走进央企”系列活动。2015 年为扩大该活动的覆盖面，吸纳更多地方国企参与，“走进央企”更名为“走进新国企”。“走进央企”“走进新国企”活动开展以来，先后邀请 100 余名专家学者、全国政协委员、国务院参事，近千名媒体记者、网络名人、网友代表，还有数十位驻华外交官，走进了 70 多家中央企业和地方国企。由于工作原因，我参与了“走进央企”“走进新国企”等活动，与许多专家学者、媒体记者等一起走进一家家企业。通过参与这些活动，我深切地体会到，经过这些年持续的改革发展，国有企业特别是中央企业的公司治理、转型升级、社会责任等方面都取得了很大进步，但也还存在这样那样的问题，需要听取来自社会各方面的建设性意见。事实上，沟通创造价值，理解促进共赢。胡鞍钢教授在参加“走进央企”赴中交集团、华能集团活动时表示：我们有幸生在一个伟大的国家、伟大的时代，见证了中国企业的集体崛起。企业强则国家强，企业兴则国家兴，中国需要自己的世界级企业。看了中交集团和华能集团，感触很深，非常震撼。这两家企业坚持创新驱动，完成了一系列世纪级工程，正在成为伟大的企业。这些年，国有企业经历了死而后生、生而再兴、兴而再强的不平凡发展历程，对国企的评价一定要建立在调查研究的基础上。

去企业切身体验及采访后，大家都发现，做不做沟通效果大不一样。很多专家和记者表示，他们研究、报道国企问题，最需要到企业实地去看。看完以后，拿到一手的材料，有了一线的感受，特别是了解了国企干部职工的“以报国为己任、以落后为耻辱、以奋斗为快乐”的精神状态后，大家都很感慨，认为这种正能量是当今社会宝贵的精神财富。

（二）责任国企

责任国企要求企业的形象是负责任的、有担当的。国企的国家背景、所有制性质以及企业规模的大体量，使得公众对国企的责任履行有着极高的期望。这种公众心理预期对企业形象建构有着很大影响，也决定了国企必须把塑造责任形象摆在重要位置。国企承担了保障国家经济社会安全、国防安全的重要职责，这些职责应该充分展现出来。国家的能源安全、粮食安全、信息安全等，都是在国企的保障下得以实现。这些“日用而不知”的内容，不经过外部信息传播的提示，很难获得公众的关注，更难以把这些与央企联系在一起。

国企为经济发展和人民生活提供保障，全面履行供油、供气、供电、通信保障等职责。国企在战略产业方面提升国家竞争力。在军工、重要资源开发、重大装备制造、重大项目施工等领域，规模经济要求很高，需要由大企业支撑。比如大飞机的研制，技术要求高、投资大、风险大，只有大企业才有实力来承担。在近年来各种自然灾害、社会突发事件中，国企总是第一时间冲到前线，不计任何成本，听从中央调遣，维护人民利益，这些行为体现了国企的使命感，凸显了国企的价值观，应该成为企业形象建构的重要内容。

（三）创新国企

创新国企要求企业的形象是充满活力、有竞争力的。国企给人的第一印象总是“大”，这种大是规模上的，而正面的企业形象更需要的是“强”，这种印象来自企业的创新能力。事实上，国企的创新能力是显著的，对国家创新能力的贡献也是突出的。这些创新的形象应该充分展现。《国家中长期科学和技术发展规划纲要 2006—2020》确定的我国需要突破的 11 个重点领域，国企都有涉及。16 个国家科技重大专项，国企参与了 15 个。历年国家科技进步特等奖及绝大部分的国家技术发明一等奖均由国企获得；在国家科技进步一等奖和二等奖名单中，国企的获奖比例均保持在同类奖项的 60% 和 30% 左右。

在载人航天、绕月探测、特高压电网、支线客机、4G 标准、时速 350 公里高速动车、3000 米深水钻井平台、12000 米钻机、实验快堆、高牌号取向硅钢、百万吨级煤直接液化等领域和重大工程项目中，国企取得了一批具有自主知识产权和国际先进水平的创新成果，国企主要专利指标年均增长都在 35% 以上。

案例5-1

华能天津IGCC示范电站“走进央企——创新驱动天津行”活动

2013年5月9日至10日，国务院国资委在华能天津IGCC示范电站举行“走进央企——创新驱动天津行”活动，邀请多位知名专家学者和30余家国内知名媒体记者走进我国首座煤气化联合循环电站，调研华能科技创新发展情况，现场感受华能“三色公司”风貌。华能公司副总经理胡建民出席活动，并就公司实施绿色发展战略、推进绿色煤电建设等工作做了介绍。国资委新闻中心副主任胡钰，国务院参事任玉岭，清华大学国情研究院院长胡鞍钢等参与了此次活动。

在IGCC电站，专家学者代表和媒体记者认真听取了华能绿色发展战略、IGCC项目的情况介绍，与公司领导、有关专家及电站负责人进行座谈交流，并实地参观了电站集控中心及工程现场。

座谈会上，胡建民介绍了华能近年来的发展情况。他说，作为发电企业的排头兵，华能不仅在电力建设规模上走在了同行前列，更是在技术创新和先进技术的推广应用上积极作为；华能既是电力科技的先行者，也是人类与自然和谐发展理念的倡导者和实践者。近年来，在国家有关部委和天津市政府的帮助下，在国内科研、设计和制造等单位的支持下，华能建成投产了我国首座IGCC示范电站。这标志着我国已掌握了IGCC电站的关键技术，具备了自主设计、建设、调试和运行IGCC电站的能力，是我国电力工业发展的一个重要里程碑，对于促进煤炭清洁高效利用、应对气候变化、建设美丽中国都将具有十分重要的意义。他希望社会各界代表和媒体记者一如既往地关心华能、支持华能、宣传华能，向社会各界介绍华能为建设美丽中国所付出的努力，汇聚实干正能量，共同托起“中国梦”。

胡钰对华能所取得的发展成就表示赞赏，对华能积极的宣传态度表示赞同。他表示，多年来，华能坚持绿色发展和科技创新，多项工作走在了世界前列。华能天津IGCC示范电站的成功建设，显示了中央企业强大的创新能力、务实的工作作风和强烈的使命感，希望华能弘扬创新精神、实干精神，继续坚持结构优化，开拓进取，不断推动我国电力事业和节能减排工作迈上新台阶。

任玉岭高度评价了华能践行央企使命、推进生态文明建设等方面工作。他说，以华能为代表的一大批中央企业通过进入世界500强，提升了中国企业的国际影响力，提升了国家的国际地位。中央企业承担着国家经济增长、重大基础设施建设、核心关键技术研发和统筹区域发展等重要任务，对经济社会发展建设功不可没。长期以来，华能始终把人民对美好生活环境的向往作为自身奋斗的目标，积极推进生态文明建设、坚持绿色创新发展，充分体现了央企的使命感和责任心，这种精神值得大力弘扬。

胡鞍钢表示，近年来，华能在世界500强企业排行榜中的排名不断提升，企业发展规模不断扩大，并在科技项目自主研发、提升企业品牌价值、制定国际行业标准等方面积极作为，企业发展质量不断提升，为推动国民经济发展做出了重要贡献。华能坚持科技创新、绿色发展，在应对气候环境变化、提高能源转化效率中进行了诸多有益探索，这种发展理念和创新精神值得敬佩。

任玉岭即兴为华能 IGCC 电站挥毫题写了“辉煌华能”4 个大字，表达对华能多年发展成绩的肯定及对华能未来的殷切期待。国资委新闻中心及数位在现场的媒体人在微博中对本次活动进行了实时报道。

（四）绿色国企

绿色发展是中国发展的重大战略，这不仅是经济问题，也是政治问题。习近平总书记 2013 年 4 月 25 日在中央政治局常委会会议上指出：“如果仍是粗放发展，即使实现了国内生产总值翻一番的目标，那污染又会是一种什么情况？届时资源环境恐怕完全承载不了。经济上去了，老百姓的幸福感大打折扣，甚至强烈的不满情绪上来了，那是什么形势？所以，我们不能把加强生态文明建设、加强生态环境保护、提倡绿色低碳生活方式等仅仅作为经济问题。这里面有很大的政治。”① 国企作为中国经济发展的国家队，在推动中国发展方式向绿色发展转变方面发挥着重要作用。这种作用体现在国企所在的能源、化工、通信等战略性行

① 习近平：建立体现生态文明要求的目标体系、考核办法、奖惩机制［EB/OL］. 2014－08－13. http：//cpc. people. com. cn/n/2014/0813/c164113－25455972. html.

业的影响力上，也体现在国企绿色发展理念、技术对全社会绿色发展的带动性上。

从调研中看，国企在环境保护、绿色生产、生态恢复等方面意识强、肯投入，做出了许多突出贡献。许多国企在高碳能源产业推动低碳发展，将黑色产业绿色化，开发了大量绿色技术、绿色工艺和绿色产品。在“走进央企——绿色能源神华行”新闻采访活动时，专家们盛赞神华集团的绿色能源发展道路，有专家认为，神华的绿色举措“找到了一条既保护环境生态安全又开展生产建设的发展道路，让我们看到了希望”。“原子弹是国防安全，神华做的是环保安全、生态安全”。这些积极的举措应该充分展示出来、传播开来，才能形成对央企绿色发展和绿色形象的正面反馈。

☑ 延伸阅读

新国企孕育新希望

——访国务院国资委新闻中心副主任胡钰

“绿色满眼，处处皆景……”带领“走进新国企·寻找地球之肺”采访团在内蒙古大兴安岭林区采访期间，国务院国资委新闻中心副主任胡钰多次发出这样的感慨。“第一次来到内蒙古大兴安岭林区，真是大开眼界，大有收获”，在接受本报记者采访时他如是说。

党的十八大胜利召开以来，为充分展示国有企业改革发展成就，国务院国资委新闻中心策划开展了“走进新国企”系列活动，深入走访报道国企的新变化。此次活动之所以走进内蒙古大兴安岭林区，胡钰说：“内蒙古森工集团作为大型国有林业企业、生态企业，在历史上做出过巨大贡献，为国家提供了强大的生态屏障，我们策划‘走进新国企·寻找地球之肺’活动，就是为了把内蒙古大兴安岭林区的贡献通过媒体挖掘出来，进一步提升内蒙古大兴安岭林区的知名度、美誉度。”

“这几天，深刻领略到了生态屏障对于国家的重要意义，也深刻体会到了内蒙古大兴安岭林区为建设国家生态屏障做出的巨大贡献。过去，内蒙古大兴安岭林区是为国家提供木材产品，支持经济建设；现在，它为国家提供生态产品，支持生态建设。这是作为新国企责任的重大转变，是为美丽中国做出的不可替代的巨大贡献。”对于内蒙古大兴安岭林区的地位和作用，胡钰认识深刻。他说，党的十八大把生态文明建设纳入“五位一体”建设中国特色社会主义总体布局，党的十八届三中全会提出加快建设生态文明制度建设，那么怎么推进生态文明建设？最重要的一点就是把生态屏障建设好。

“习近平总书记讲过，‘山水林田湖是一个生命共同体，人的命脉在田，田的命脉在水，水的命脉在山，山的命脉在土，土的命脉在树。’① 由总书记的话可以看出，保护好林区的作用怎

① 源自习近平《关于〈中共中央关于全面深化改革若干重大问题的决定〉的说明》，人民网。

么强调都不为过。作为大型国有林业企业，内蒙古森工集团的使命极其光荣，责任极其重大。我们希望通过自己的努力帮助外界了解内蒙古森工集团的贡献，帮助企业发展得更好。”胡钰说。

对于林区的发展，胡钰认为，“林区既要保护，又要发展，既要绿水青山，又要金山银山，不能因为承担保护生态责任让林区人的生活水平降低”。“这几天我们看了很多转型产业，蓝莓、木耳、旅游等产业都极具发展潜力，许多产品让大家眼前一亮，出乎意料，我们希望通过此次采访活动，从不同层面、不同角度传播内蒙古大兴安岭林区的资源优势，帮助林区进一步树立品牌、开拓市场，实现富民强企兴林的目标。”

在林区走了一周，胡钰见到了五个林业局的干部职工，感触很深。他说：“内蒙古大兴安岭林区干部职工的工作激情很强，人都很朴实，把林区保护好、发展好的愿望很强烈。这是今后林区发展最宝贵的力量。作为我们的工作来说，应该多邀请媒体来林区，应该聚集更多社会资源来关注林区，推动林区发展。”

“关注林区，支持林区，是此行带给大家的共识。内蒙古大兴安岭林区是一个拥有无限发展可能的生态宝藏，这种宝藏极其稀缺。在今后的发展中，重要的一点就是帮助企业明确发展重点、树立企业品牌、整合社会资源，这种资源包括品牌打造的资源，市场开拓的资源，尤其是资本吸纳的资源。”一路走来，一路思索，胡钰不断为林区发展出谋划策。新国企孕育新希望。看得出来，胡钰和采访团一行已经把自己的感情融入了内蒙古大兴安岭林区。

（五）“三好企业”、“三广法则”与“三个并重”

实践表明，国企要有效参与国际竞争，不但要有好业绩，还要有好行为，更要有好声音，把这种好业绩和好行为展示出来，才能树立企业好形象。央企有许多鲜活故事和响亮品牌，像航天、高铁的创新故事都很生动，要把这些故事讲好，就需要广交朋友，广搭平台，广发声音。

（1）三好企业

好业绩是企业生存的要求。作为营利性的社会组织，企业的首要目标就是能挣钱，能通过产品和服务获得市场和社会的认可。这种好业绩集中体现在企业的赢利能力、财务指标和投资价值上。好行为是企业履行企业公民责任的要求。当代的优秀企业不但要能够提高市场价值，还要实现社会价值，要把自己作为社会公民，积极服务社会事业。这些社会责任的履行，社会公益事业的投入，不能给企业带来直接的财务价值，但可以为企业带来显著的声誉价值。好声音是企业进行社会沟通的要求。为此，央企要多说，将企业的好业绩、好行为转为好声音。

（2）三广法则

- 广交朋友是企业扩大同盟军的要求。
- 广搭平台是企业占据舆论阵地的要求。
- 广发声音是企业提升舆论场控制力的要求。

任何舆论场都不可能是真空，总要填充内容。在当前中国的舆论生态中，媒体供给远超过信息供给，媒体始终处于“信息不足”甚至“信息饥渴”状态，缺乏信息供给导致非正式信息源出现。因此，企业主动发声非常重要，要力争及时、准确、全面地向公众发布企业信息，增进公众对企业的了解和理解。要提高发布信息的针对性、权威性、有效性，让公众“听得懂”“信得过”。

（3）三个并重

国企属于全民所有，只有真正做到全民所知、全民所享，才能树立起好形象。国企要改变过去“多做少说、只做不说”的局面，加大对外传播企业声音的力度，发出好声音，树立好形象。对于国企来说，当前在形象建设方面最重要的是要实现“三个并重”：埋头干活与抬头说话并重，业内口碑与社会形象并重，创造物质财富与创造精神财富并重。

案例5–2

神华澳大利亚公司沃特马克井田：
融入社区、赢得理解、塑造形象

在一个环保监管苛刻的国家，开发煤炭资源不是一件容易的事。神华这家海外公司的准确称谓是神华澳大利亚控股有限公司，它成立于2008年，它的全资子公司神华沃特马克煤矿有限公司拥有澳大利亚沃特马克区块195平方公里的探矿权，并负责该井田的勘探、开发相关工作。目前两公司合并办公，共有员工26人，其中神华外派员工11人，大部分员工身兼数职。为了能

够开发沃特马克区块的井田，公司历时6年，通过了澳大利亚政府有史以来最为严苛的环评审批。这6年里，为了开展好海外经营，公司在当地做了很多融入社区，努力赢得理解、塑造企业形象的工作。

在当地幼儿园，小朋友见到来自神华的大朋友都很开心。原来神华员工常常和幼儿园开展活动，幼儿园的园长显然和神华的员工已经成为老朋友了。他们说，神华为他们捐赠了很多图书，其中包括关于中国文化的书籍，神华员工还定期为幼儿园的小朋友讲故事，他们称之为“神华欢乐时光”。公司还鼓励员工积极参加社区各类公益募捐、社区交流活动，如开展“最大早茶会”活动为癌症基金会募捐，“粉红丝带日”为乳腺癌基金募捐等。公司还成立了沃特马克文体俱乐部，开展丰富多彩的员工业余文化生活、组织员工参加各类社区文体活动，促进内部及与当地居民的跨文化融合和交流，如组织2013年圣诞联欢会、组建公司排球队等。自2009年起，神华连续5年每年投入100万澳元成立沃特马克社区基金，涉及卫生、儿童及老年人福利，本土和环境项目等。此外，还制订了在30年服务年限内对冈尼达市、利物浦平原郡、特姆沃斯三地提供总额约1300万澳元的自愿资助计划，以改善当地民生设施，为当地经济和社会发展提供持续动力。

在我们结束访问回国的次日，澳大利亚传来好消息，神华澳大利亚公司的沃特马克露天煤矿项目终于通过了澳大利亚联邦政府的环评。他们自己总结了这些年开展对外投资与经营的几条经验：

一是坚持本地化发展原则，促进当地就业和经济，与社区共发展、同进步。如承诺放弃采用“飞进飞出”劳工组织模式，实现员工本地化，实施当地员工雇佣和培训计划，条件允许时尽量实行本地采购，优先选择本地供应商，鼓励和协助配套企业本地化等。

二是坚持“零伤害”安全理念，保障员工第一权益与企业首要社会责任。如基于澳大利亚标准、委托专业咨询商，制定高质量的《工作健康与安全管理制度》，规范和指导本公司、勘探承包商及顾问公司的各项工作活动，设置安全健康管理人员和部门，并且根据项目推进情况，不断完善更新《工作健康与安全政策》以及《工伤管理政策》等，近些年来，该公司未发生任何损失工时的工伤事故。

三是坚持“绿色运营”环保理念，树立神华负责任跨国综合能源企业的形象。历时 6 年开展澳大利亚政府有史以来最为严苛的环评审批工作，不仅投入大量环评及环保资金，而且采取了一系列环境缓解措施，如承诺不在“黑土地”下进行长臂井工开采，实施严格的复垦修复计划，开展考拉研究并实施迁徙计划等。

四是坚持“尊重、协商”原则，推动利益相关者共同参与与协调。在当地成立了沃特马克社区咨询委员会、社群权益参议小组，同时与澳大利亚联邦及州政府、政府机构、地方议会、基础设施与服务部门、NGO（非政府组织）、周围企业、社区、居民开展多渠道、不同方式和持续深入的沟通和交流，多次与当地农民和反煤组织主动联系、直接沟通。

五是坚持“奉献、共享”原则，赞助和推动社区公益事业、履行社会承诺。自2009年起，连续5年每年投入100万澳元成立沃特马克社区基金，涉及卫生、儿童及老年人福利，本土和环境项目等。

六是坚持“参与、沟通、融合”原则，融入社区、赢得理解、塑造形象。包括积极赞助各类社区活动和NGO项目，为提升当地青年就业技能、为项目未来运营积累人力资源，鼓励公司和员工积极参加社区各类公益募捐、社区交流活动、志愿者活动等。

正是通过这些做法，神华澳大利亚公司才初步树立起“融合、守信、环保、负责任”的跨国公司形象，初步消除了澳大利亚政府和民众对中国企业特别是国企的怀疑，赢得了当地居民、组织和政府的信任和支持。

案例5-3

中国南方航空公司新西兰办事处：讲好故事，赢得口碑

当我们的航班降落在新西兰奥克兰机场后，从行李提取、出关提示、航班中转再到免税品购买等，一路随处可见中文提示，让人觉得中国似乎近在咫尺，甚至可以毫不夸张地说，一个没有英文基础的人来到这里也基本可以顺利出关。这一切与中国南方

航空公司在新西兰做的努力密不可分。

通过南航奥克兰办事处总经理马志刚的介绍，我们了解到截至2014年10月底，从广州直飞奥克兰的航班已经增班至14班，成为增速最快的国际航线，而空客A380、波音787梦想飞机等先进机型的投入将为乘客提供舒适的飞行感受，特别是南航在当地作为首家运行波音787的航空公司，在当地成为一大新闻热点。南航在澳大利亚、新西兰拥有悉尼、墨尔本、布里斯班、奥克兰、珀斯等5个通航点，每周航班往返最高达53班。作为中国大陆往返澳大利亚、新西兰市场开通通航点最多、投入运力最大的航空公司，南航改变了过去依靠点对点飞行、依靠规模扩张的发展方式，通过2012年提出的“广州之路”战略，把中国乃至世界的客源吸引到广州枢纽，再经广州中转至世界各地。

2014年，习近平主席访问新西兰以后，南航又开辟了新西兰南岛航线，于2015年12月正式开通了广州—基督城直航航线，每周三班，由波音787梦想飞机执行。这是我国大陆迄今前往新西兰南岛的唯一直达航线。

从客观而言，中国的航空公司在飞机、服务等软硬件上，与国际公司差距并不是特别大，南航如何能够在竞争激励的澳新航线上分得蛋糕，并且把业务做得蒸蒸日上呢？南航在这方面的确想了很多办法，下足了功夫。他们首先意识到充满活力的中国经济、鲜明的中国特色和丰富的中国文化元素是南航有别于传统枢纽的最大优势。因此在新西兰讲好中国故事，迅速融入当地，推广品牌形象就成为重要的事。南航的做法是——故事不断、热点不断，让当地人知道南航和当地公众是朋友而不是对手，合作才能共赢。

2011年开航以来，南航与新西兰政府、机场联系合作的深度、广度和层级不断升级，每年都能捕捉到一个当地比较大的活动热点，包括联合品牌推广、路演活动、旅游机构合作、媒体考察团等全方位合作，赞助新西兰在中国区域开展的品牌推广项目等。2013年4月8日，新西兰总理约翰基亲赴广州到南航总部访问，见证了南航与新西兰旅游局、移民局等签署战略合作协议的历程。通过双方的深度合作，南航为当地吸引来大量中国游客，2014年，在新西兰当地酒店和景区，中国游客数量比上一年增幅36%。

为了快速融入当地，南航还积极参与被当地认可的慈善活动。如聘请澳大利亚籍的空乘人员服务中澳航线，聘请新西兰著名美食家、当地名厨阿尔布朗设计机餐菜单，厨师团队设计了正餐+消夜+早餐的餐食服务模式，旅客可以在万米高空提前品尝到富有大洋洲气息和粤式特色的各类美食。两舱还配备了广东特色的品牌产品，如“手打牛肉丸清汤”“腊味煲仔饭”“南航大碗面”等餐食。经济舱旅客也可以品尝到巴伐利亚牛肉佐土豆泥、什菜片，姜汁豉油汁龙利鱼佐什菜，蘑菇炒蛋佐鸡肉肠、薯饼及炒菠菜等美食。同时，南航还努力成为2012年悉尼文化节领袖合作伙伴和独家官方航空赞助商，积极参加当地公益活动提供“一张免费机票”，拍卖筹款用于赞助当地青少年发展等。

南航的经验是，在对外交往中，每一名员工都代表着南航的企业形象，进而代表着国家形象。南航积极组织员工参加当地各种活动，2015年的新年，南航新西兰办事处与当地华人商会共同组织30多人的队伍，穿着有着南航蓝色标识的服装，参加当地的马拉松活动，展现华人风貌，让当地人印象深刻。为了突出中国特色，南航与当地机场开展了良好合作，在机场制作了大批中文标识与提示，这既有利于中国形象的塑造，也为中国游客到新西兰提供了更多的便利条件。

案例5-4

中国林业集团新西兰有限公司：只有一人来自集团本部

2014年11月，国家主席习近平在新西兰进行国事访问，《中国国家开发银行股份有限公司、中国林业集团、新西兰太平洋林业奥尔森林地管理公司项目开发合作谅解备忘录》在此期间顺利签署。这一备忘录无疑有力地促进了中国国有投资进入新西兰林业领域，也为中国林业集团（以下简称“中林集团”）扩大海外知名度、促进国际化经营提供了一个强有力的保障。

在签署这份备忘录的一年前，中林集团新西兰公司成立，并在新西兰拥有11400公顷的林地生产面积。然而，就是这样规模的一家海外公司，却只有一名管理层员工是由集团总部从国内派驻的，其余7名员工全部来自新西兰。公司位于奥克兰，所有11400公顷林地共计11块均分布于新西兰北岛地区，其中辐射松（新西兰树木品种）净储面积约为10600公顷，所获木材约80%

运往国内。仅仅经过两年多的时间，这家公司已经成长为新西兰第 8 大林业公司。

仅仅 8 个人的公司，如何管理 1 万多公顷的土地，并能使公司迅速成长呢？中林集团新西兰公司的做法是“用本地的人做本地的事，用专业的人做专业的事”，将林地管理委托给新西兰专业管理公司。这样做的好处可谓一举三得：一是可以降低人工和管理成本；二是可以发挥当地公司先进的经验技术；三是可以学习新西兰保持经济、社会和生态可持续发展的森林管理方式。与此同时，在伐木和运输等环节，中林集团新西兰公司还积极雇用当地的劳动力，从而为当地人创造了大量的就业机会。高度本地化的用人方式和管理模式非常有利于企业融入当地社会，同当地实现共同发展合作共赢，自然会受到当地的欢迎。

在与我们座谈的时候，中林集团新西兰公司副总经理孙诚一直强调坚持“守规矩”的理念。他说的“守规矩”，指的是中林集团新西兰公司成立以来，一直保持与当地行业协会的密切联系，强调遵守当地行业秩序，维护林木产业链条，开展守法合规经营，规范制度与过程，强调安全与秩序。尤其在安全管理方面，中林集团新西兰公司也有着严格的管理，比如在锯木场，不管当地的锯木工人经验多么丰富，进入林场之前都要接受 30 分钟的安全培训，确保安全生产无事故。

立足“可持续”发展的理念，中林集团新西兰公司努力维护着国企海外好形象。比如，为了最大限度地保护生态与环境，公司定期在砍伐的树林中重新种植新的树苗。为了方便林区周边道路车辆及行人通行，对部分林区道路进行了修筑和维护。为促进中新两国经贸、文化交流，体现中林集团负责任的企业形象，中林集团还坚持每年在新西兰选拔优秀人才作为留学生资助对象到中国学习。

这些做法显然与很多企业进入国外市场急于拓展、破坏竞争秩序，甚至是侵入式发展、无法融入当地的做法截然不同，效果也自然不同。

案例5-5

中远新西兰公司：代表国家积极发声

作为最早走出国门的企业，当时的中远集团（现已与中国海运集团合并重组为中国远洋海运集团）在全球各地设有多家办事处，进入新西兰市场是在1991年。二十几年间，在不同文化、不同观念、不同管理和发展模式中，中远集团不仅积极谋求企业发展的空间，同时也在为塑造国际形象、积极为中国发声、融入当地主流社会方面做出了很多努力和探索。

中远新西兰公司总裁刘枫谈起那段历史时激动万分："作为人口与文化呈多元化特征的国家，在20世纪90年代，新西兰几乎没有几个全国性的节日。"为了推动新西兰融入亚洲发展战略，教育国民转变观念，1994年新西兰成立了"亚洲2000基金"，并在2000年举办了第一届奥克兰元宵灯节，这就是"新西兰亚洲基金"的前身。中远新西兰公司则不仅成为元宵节的赞助商，还通过自身的货运航线，每年从中国免费运送大量的元宵节灯笼到新西兰支持这个活动。用刘枫的话来说，这是一种“润物细无声”的方式，通过这种融入当地、积极开展文化交流的方式，中远获得了新西兰当地政府的充分信任，中远的航线经常被用于运输文化交流领域的相关货物。

中国新西兰公司借助在当地的影响力和知名度，一直致力于传播中国声音，从而影响当地人的对华印象，特别是公司负责人通过客户年会、庆典活动、学术研讨会等多种活动，积极发声，澄清对中国企业和中国的不正确认识，成为维护中国形象的“声音平衡者”和“舆论砝码”，对“污名化”中国的行为给予坚决有力的回击。中国企业在新西兰发出中国声音，不仅提振当地华人的自信心和民族自豪感，也可以影响当地人对中国的印象，塑造良好的国家形象。刘枫在和我们座谈时，一直在强调这一点，他认为这十分重要，尤其是在跨文化的背景下，如果任由他人主导舆论环境，没有自己的声音，舆论就会失去平衡，作为新西兰中国商会会长，刘枫常常收到一些当地高校的论坛邀请，刘枫只要有时间就尽量出席，他把这些作为与当地沟通的机会，每一次都认真准备，通过自己的发言澄清当地人对中国企业的不正确认识，对“污名化”的做法给予有力的回击。刘枫建议，中国公司在选派海外企业的员工时，应当优选选择那些具备开阔的国际视野、优秀的外语能力和学习能力、较强的责任心、良好的个人修养和法律意识的人，因为开展海外经营的一大经验，就是和当地人交朋友。刘枫本人就曾先后接到过来自新西兰总理、部长等的家宴邀请，“有人情味儿的交流”往往可以有更多的收获。

途径新西兰的港口，印有COSCO（中国远洋运输集团）字样的集装箱轮不时掠过眼前。中远集团这艘大船在几十年的海外经营中，摸索出很多宝贵经验。其中，中远新西兰公司总裁刘枫总结的几点经验有趣又好记。

一是“走出去”不能“搞运动”。企业应当从自身经验、信息资源、公共关系等角度深入分析“走出去”的利弊，而不是“一窝蜂”“随大溜”。去之前要思考“来日方长”，落地后应注重“有机成长”。

二是实施“本土化”策略。聘用当地人担任高管和雇员本土化，是中国公司实施“走出去”战略，避免经营风险的捷径。因为当地人通常熟悉当地情况，对当地的法律风险较为敏感，能起到参谋、提醒、制约和协调的作用。

三是学会“买下午5点钟的鱼”。在海外的中国企业管理链条普遍较长，需要提前做好规划，以提高决策效率，“如果想买到下午5点钟超市打烊前廉价处理的鱼，要清晨做决策，而不是下午5点钟再盲目做决定。”

总之，国企的形象建设任重道远。不论从企业发展需要还是国家发展需要来看，都急需提高企业战略传播能力、形象公关能力。

作为全民所有的国企，要改善企业形象，就要从让企业成为全民所知与全民所享两个方面入手。企业应最大限度地保持透明，让公众对企业运行有充分知情权。实践表明，只要公众对央企了解得多了，苛责就会少很多。对国企形象建设来说，模糊、沉默都是不能接受的错误，透明才是企业获得正面形象的重要支撑。对国企形象建设来说，仅有全民所知还不行，还要全民所享。换言之，企业既然为全民所有，就要让全民享有看得见的、普遍性的福利，让企业成为全民利益的保障者。这种所享，体现在企业社会责任履行上，也体现在企业利润分配上。如果公众都能从央企发展中得到切身的好处，并将这种感受广为传播，企业形象必将会大为改观。

| 第六章 |

企业形象的创意传播：策略与实施

第一节　企业形象的传播策略

21 世纪的国际市场竞争不仅是以产品为核心的硬实力比拼，更是以企业形象为代表的软实力角逐。企业形象是企业文化建设的重要内容，拥有良好的企业形象既能够招揽众多的优秀人才，不断推动企业发展和壮大，又可以吸引大批潜在的客户，创造可观的经济效益。相较于欧美国家，我国企业注重形象建设起步较晚，所以，在激烈的国际市场竞争中处于劣势。因此，如何塑造和传播良好的企业形象、打造享誉全球的企业品牌，是现阶段我国企业亟待解决的重大课题。

一、企业形象的传播策略

（一）找准企业形象定位

企业形象是一个企业的个体形象、类形象、组织形象、艺术形象、自为形象的复合集成。[①] 企业在塑造形象的过程中，不能大大落落，信马由缰，必须结合自身的经营特色、市场环境等因素制定科学的传播策略，即有目标、有计划、有章法、有针对性地对外展示正面、阳光的社会形象。从全球知名企业来看，它们在塑造形象的手段上存有很多相同之处，例如，以人为本的管理、顾客至上的服务以及社会责任的担当等，当然不同类型的企业也有明显的差异性，例如，科技型企业特斯拉的企业形象偏重创新性、餐饮类企业海底捞的企业形象偏重服务性等。然而，无论企业属于何种类型、具有何种特性，找准形象定位是制定传播策略的前提和基础，更是取得竞争主动权的关键。总而言之，企业只有明确形象定位，做好形象规划，才能有效地推进形象的塑造和传播。

（二）创建协同式传播矩阵

在大众传播时代，企业的形象传播主要是通过电视、广播、杂志以及报刊等传统媒介。步入互联网时代之后，社交媒体的属

① 罗长海，林坚．企业文化要义［M］．北京：清华大学出版社，2003：186.

性不断增强，传播不再是单一信源影响多点的单向传播，而是形成了多元复杂的传播关系网络，往往是多类型、多品种、多模式的传播方式交互进行，趋势也逐渐转向人际传播，过去消费者接到媒介发出的信息就代表着一次传播行为的结束，而现在的传播能够在消费者接受信息后触发其作为中间传播者进行二次传播。对此，企业有必要建立起协同式的传播矩阵，根据传播内容选择立体多元的传播方式，不能拘泥于“以一应百”的传统传播战略，要充分调动各类资源，促使企业形象的传播接近或达到最佳效果。需要注意的是，这种协同式传播既要突出个性化，又要兼顾整体性，个性化是指企业要针对不同的媒介和消费者进行差异化传播，而整体性则是在统筹企业形象的发展战略下完成，要有“高大上”的建设目标和形象诉求，并能培育出独特的企业气质。

（三）完善形象传播机制

企业形象传播，是指企业以外部公众作为传播对象，通过积极而主动的对外传播方式阐明企业目标形象的宗旨，传达企业为实现公众价值所做出的努力。[①] 企业形象传播是企业战略层面的关键问题，企业应当建立常态化、制度化、长效化的企业形象传播机制。在组织机构方面，企业应设立专门负责形象传播的部门，保障企业形象传播的顺畅运行。传统的宣传部门主要是负责引导社会舆论的指导和协调工作，而形象传播部门则是负责统筹

---

① 侯胜田．医疗服务营销［M］．北京：经济管理出版社，2010：227.

形象传播管理工作，根据企业的舆论环境和形象目标，制订传播计划。对企业管理层而言，应当给予形象传播部门更多自主权，使其可以对企业形象进行统筹管理，在条件允许的情况下，可以建立由企业高层负责的沟通机制，以打通部门沟通障碍，保证在关键时间和节点，快速反应、有效沟通、积极反馈，同时要强化形象传播部门和企业各部门的联结，始终贯彻同一个形象和同一种声音，切勿各自为战，以免给公众留下混沌无序的印象。

（四）聚焦消费者的需求

在 20 世纪 90 年代之前，盛行的是美国营销学学者杰罗姆·麦卡锡（Jerome McCarthy）以产品为导向的 4P 营销理论。此后，美国营销专家罗伯特·劳特朋（Robert Lauterborn）提出了以消费者需求为导向的 4C 营销理论，重新设定了市场营销组合的“消费者”“成本”“便利”“沟通”四个基本要素，它强调企业首先应该把追求顾客满意放在首位，其次是努力降低顾客的购买成本，同时要充分注意到顾客购买过程中的便利性，而不是仅从企业的角度来决定销售渠道策略，最后应以消费者为中心实施有效的营销沟通。与产品导向的 4P 营销理论相比，4C 营销理论有了很大的进步和发展，它重视顾客导向，以追求顾客满意为目标，这实际上是当今消费者在营销中越来越居主动地位的市场对企业的必然要求。[①] 形象塑造是企业和消费者的沟通过程。

---

① 李红新．网络营销与策划［M］．西安：西安交通大学出版社，2011：82.

利用何种渠道和方法进行沟通，以便取得最好的传播效果是所有企业需要认真思考的问题。在互联网传播时代，传统的传播模式已经不足以满足受众多样化的需求。根据消费者的喜好，提供差异化、个性化的传播产品是大势所趋。企业应当建立消费者调查机制，收集并解读目标消费者的需求、喜好和媒介使用习惯等信息，掌握消费者与企业形象的接触点，根据企业的预算、目标等选择适合企业的传播方式。企业形象的传播应当具备灵活性，当今时代各类传播产品层出不穷。伴随消费者媒介使用习惯的变化，企业也应当做出形象传播渠道的快速调整。

二、企业形象的传播路径

（一）贯彻“以人为本”的方针

近年来，谷歌公司因竭力打造人性化的办公空间而走红网络。与传统的格子间截然不同，谷歌的办公楼内装有滑梯、台球桌、瑜伽房，甚至有篮球场和足球场，轻松的工作环境和氛围更容易释放员工的创造力。此外，谷歌还为员工提供健康计划与带薪休假，制定灵活的上下班时间，这些举措充分展现了谷歌追求自由开放、富有创造力的企业形象，在提升民众对于企业好感的同时，也吸引并招揽了大批优秀人才加盟谷歌。相比之下，快速扩张的 Uber（优步）则是一个典型的负面案例。首先，Uber 把司机视为独立承包商，认为他们是共享经济的一部分，所以拒绝为他们提供正常雇佣关系下的员工福利，也拒绝他们在应用程序中添加“小费”的请求，这令很多司机不满意并逐渐退出该平台；其次，Uber 缺乏风险意识，它允许司机在没有牌照、特定驾照的情况下注册 UberPop 并为乘客提供客运服务，巨大的管理漏洞也酿成了多起司机伤害甚至性侵乘客的案件；再次，Uber 部分员工擅自搜集和泄露包括明星、政治人物等知名人士的乘车信息，搭乘 Uber 去过的任何地方毫无隐私保障。丑闻缠身使 Uber 的品牌形象和企业声誉日就衰败，很多网友甚至在社交网络发起了卸载 Uber 的行动。

（二）创造共情的沟通环境

随着信息时代的来临，赢得消费者的注意力成为各类传播媒介争夺的主要目标。通过寻找企业和目标消费者之间的连接点，创造共情的沟通环境，以此吸引消费者的注意力，获得对方的认同并引发共鸣是目前各类传播媒介常用的手段。沟通环境既应当表现出企业的形象内涵，同时也应击中目标民众的心理需求，创造共情的关键在于从企业化走向个人化。企业形象对于个人生活而言是可有可无的部分，如果直截了当地进行企业宣传，则很难获得消费者的关注，要找寻企业文化和个人生活之间的共通点，从个人化作为切入点予以表现。企业形象传播与消费者产生的关联度越深，消费者的共情感越高，传播效果就越好。中国的电力企业曾因行业垄断，缺少与消费者的互动与沟通，在企业形象建设方面的投入并未达到预期的效果，而国外的电力企业却在竞争激烈的环境下使出浑身解数，展现了良好的外部形象，以吸引消费者选择自己，由此，也涌现出许多经典的形象传播案例。其中，以“家庭”作为沟通环境的案例居多。虽然电是无形的，但从作用于人类生活的结果而言，当今的家庭生活都离不开电。没有电，生活似乎难以延续。电扮演着无形的保护者角色，它见证着许多或喜或悲的家庭瞬间。温暖、牢靠是国外电力企业有意向消费者传达的形象。借助对温馨家庭生活的表达，企业将自身形象与家庭呈现出的温暖、牢靠融为一体，自然地传达给消费者。比利时电力公司 Electrabel 用一只名为 Kito 的狗作为企业形象的传递者，Kito 成为该公司系列广告的主角。作为一只狗妈妈，Kito 用微波炉温奶，用吸尘器打扫，用现代化工具照顾自己的宝宝，展现着无微不至的母爱，电力企业的抽象形象也成功地伴随着 Kito 的暖萌感与责任感有形地传递给消费者。

（三）激发消费者的传播潜力

互联网对于个人的传播赋权可以让受众与传播者的身份自如转换。曾经的普遍民众只能借助人际传播表达观点，如今的社交媒体让人际传播置于公共空间，民众能够通过互联网实现从受众到传播者的瞬间转换，传播范围和传播效果得到了极大地提升。北京大学陈刚教授在创意传播理论中提出了代表文化传播或模仿的单位——“沟通元”的概念。沟通元是最能吸引消费者注意力、关注度、参与度的话题。企业通过传播跟目标消费者实现积极互动，在传播过程中共同塑造企业独特的沟通元，是具有互动性和叠加性的概念。沟通元在被企业抛出后可被无限次地复制，在复制的过程中被消费者重新解构和深化，逐步扩大传播范围，挖掘新鲜传播价值。产品形象是企业形象的具象化表现。汽水是可口可乐的经典产品，其产品的特性让企业成为青年文化、流行文化的代表，企业形象被贴上了积极、快乐、活力的标签，但同时也带有叛逆、不负责、肤浅等负面色彩。伴随着企业年龄渐长和全球化战略的实施，可口可乐迫切需要树立负责任的大型跨国企业形象，以获取更消费者的信任，同时要在产品竞争激烈、更新换代速度快的饮料行业中保持品牌的长期影响力。可口可乐诞生伊始，使用的是直形的玻璃瓶身，但是直瓶太容易被仿制，一时间仿冒品四起，后来可口可乐设计出了弧形瓶身，特别的设计树立了可口可乐独一无二的产品形象。1950 年，可口可乐的弧形瓶形象甚至登上了美国《时代》杂志的封面，特别的瓶身设计不仅使其摆脱了假货仿制的困扰，同时还因亮眼的颜值俘获了消费者的欢心，也成为消费者能够接触并认可企业形象的媒介。可口可乐设有专门负责瓶身设计的团队，他们通过这个瓶身和消费者完成最直接的亲密接触。如今，可口可乐的瓶身花样繁多，在世界不同的地域、不同的节庆会推出不同的款式。2016 年圣诞节，可口可乐在日本市场推出了拉花瓶的设计，只需要轻轻拉动标签背后隐藏的拉线，可口可乐的商标就会绽放成一朵丝带花。有了设计的加持，可口可乐也变成了一份特别的圣诞礼物。可口可乐在日本发布的拉花视频，获得了极高的点击量，并在社交网络上形成了一股热潮。惊喜感的互动设计，配合着节庆的时间点，让消费者心甘情愿地帮助企业进行传播。2014 年，可口可乐在中国市场推出了歌词瓶，每瓶可口可乐的瓶身上都印有一句感人肺腑的歌词，消费者借由“歌词瓶”传递自己的心声。根据可口可乐提供的数据，与同期相比，歌词瓶为可口可乐（中国）带来了 10% 的销量增幅。除可口可乐外，许多饮料品牌借助瓶身设计构建企业形象，与消费者互动，促进了销量。

（四）积极应对负面舆情

企业形象具有易变性，会随着消费者对产品和服务的反馈产生变化，也会受到一些突发情况的影响。相较于大众传播时代，互联网传播时代的消息传播速度往往呈现几何倍数的增长。遮遮掩掩、以退为进的公关方法在互联网传播时代无异于炊沙成饭、饮鸩止渴。企业需要海外形象监督部门随时跟进舆情，以最快速度解决危机，以免让负面舆情逐渐侵蚀企业形象。2012 年，中海集运“永信捷 1 轮”由南沙驶往汕头途中，遭遇“韦森特”台风，导致 6 个装载中国石化聚丙烯产品的集装箱坠落海中，部分包装袋及颗粒被浪潮冲到香港海域，引发香港特区民众广泛关注。尽管聚丙烯无毒无味，但在部分媒体刻意炒作下，还是造成了香港民众的恐慌。为此，中石化选择市场化的应对方式，选择当地的公关公司制定危机处理方案。在新闻发布会上，中石化正面回应记者提出的问题，并强调企业愿意承担相应的法律责任和赔偿责任。同时，中石化还积极与香港民众接触，借助此次事件进行石化领域的科普讲授，这些措施让中石化成功化解了突如其来的舆情危机。相比之下，韩国三星公司则没有很好处理类似危机。2016 年 8 月，在韩国的手机论坛上传出三星智能手机 Galaxy Note 7 疑似爆炸的图片，随后网络上相继爆出全球数十起类似爆炸事件。对此，三星公司做出迅速回应，首先于 9 月 2 日宣布召回全球（除中国）250 万台 Galaxy Note 7 手机，同时，三星移动业务总裁出面鞠躬道歉，10 月 10 日韩国三星电子发表公告宣称正式中断 Galaxy Note 7 的生产，次日又宣布决定永久停止生产和销售该型号手机，希望尽早结束公司历史上这一最耻辱的事件之一。尽管三星公司对于电池爆炸起火事件表现出了较为迅速的处理速度，但是其于中国市场的应急表现几乎将其置入绝境。在进行首批召回时，三星公司表示国行版 Note7 的电池供应厂商与其他国家不同，并不存在安全隐患，所以暂不召回，然而未及半个月国行版 Note7 也传出了爆炸事件，这种差别对待与滞后反应严重伤害了中国消费者的感情，受此影响，三星公司在中国的信任度急转直下。此后，三星智能手机在中国市场的份额持续下跌，这也使其成为近年来维护企业形象最失败的案例之一。

（五）提升服务水平

尽管企业的终极目标是获取市场盈利，但是“以利逐利”的思维在跨国企业形象塑造中难免被贴上“侵略者”的标签。因此，若想获得海外市场的认可，企业必须塑造出“服务者”的形象，为当地利益相关方创造价值，只有取得当地政府、民众的信任，企业才能争取到更宽松的外部环境。在海外，一些只注重与当地政府联络而不重视与其民众沟通的企业，虽然为当地贡献卓著，但却费力不讨好，在经营实践中常因无法获得当地民众的理解而阻力重重。与之形成鲜明对比的是，如今中国智能手机行业发展迅速，但是苹果手机依然在我国占有较大的市场占有率。穷原竟委，在技术指标、硬件设施等方面趋同的情况下，苹果公司关注到了技术对于人类生活的推进和帮助。苹果的灵魂人物乔布斯更被视为用科技改变生活的革新者。近年来，苹果公司推出了一系列以残疾人为主题的广告，在广告中，这些残疾人通过使用苹果手机可以完成许多平时很难完成的动作，例如拍摄照片、编辑影片等。在一片比拼技术的竞争中，苹果寻找了差异化的形象定位。对于特殊群体的关爱让苹果的形象更具人文感和服务感。由此，即便国产智能手机已经在硬件层面与苹果手机十分接近，但苹果公司在世界范围内仍然拥有大批忠诚的粉丝。

（六）加强主动传播

全球化的国际市场环境促使中国企业走出国门，服务更大范围的消费者。面对日益激烈的国际市场竞争，企业需要良好的形象为自己赢得海外消费者的好感，使企业能够在当地扎根。相比于本国形象塑造，海外形象塑造对于企业的挑战更多、难度更大，往往受到政治制度、市场环境、宗教文化等多重因素影响。很多中国企业在“走出去”的过程中，只是闷声干活，而不着力于形象传播，加之当地媒体往往戴着有色眼镜批评中国企业在国外的所作所为，结果造成的负面舆论不仅阻碍了个别项目的进展，同时也严重影响了中国企业正面形象的塑造和传播。中国人奉行“低调做人、高调做事”的原则，秉持着内敛的处事方法，不善于进行自我传播，出现了许多卖力不讨好的现象。在非洲，中国和日本同样援建铁路、公路，中国修建的工程质量相比于日本有过之而无不及，但是当地民众却不知道中国企业进行援建的事例，大多只知道日本的援助项目。究其原因，日本企业一般会在修好的公路或铁路旁立碑刻下修筑企业及其工人的名字，而中国则是做好事不留名，完成工程就离开。尽管每家企业都有自己的核心价值和运营特点，但是企业必须正视自身的一些不足，如不善于宣传、不重视企业传播，要在传播企业形象时与当地政府、媒体建立平等、均衡、互动的对话机制，不能态度强硬、自说自话，如果企业只以自我为中心，单向性地传输意见和想法，则很容易产生负面影响。此外，要根据企业性质的不同，有侧重地选择适合企业形象传播的媒体战略，比如，有绝对实力或战略高度的企业可通过举办展览、秀场等活动邀请具有国际影响力的媒体参与其中，普通企业则可借助相关领域网络达人的热度进行传播。

（七）运用创意传播

随着同质化竞争日趋激烈，形象塑造逐渐成为不可小觑的竞争手段。创意在企业形象中的大范围运用，最开始源于快消品行业的同类竞争。为了争夺消费者，适应新的媒体环境，同为饮料企业的可口可乐和百事可乐，以及同为快餐企业的麦当劳和汉堡王在传播领域展开了一场没有硝烟的战争。在此起彼伏的传播战中，创意的作用日渐凸显，在这些企业的竞争历史中，贡献出许多经典的创意传播案例。这种类型的企业提供的是同消费者直接接触的产品，借助创意的力量迅速地打动消费者。创意传播的本质就是将创意作为手段，在信息爆炸的环境中更快速、更有效地获取注意力并影响目标对象。

詹姆斯·韦伯·扬（James Webb Young）在《生产创意的技巧》一书中提出了生产创意的两项重要原则，分别是“旧元素的新组合”和“寻找事物的关联性”。[①] 首先，优秀的创意一定是原创、新鲜、有魅力的集合体，能给消费者带来感动或惊喜，例如，麦当劳在推出美国冬季汉堡时，塑造了一个在冰雪野外不断受伤，却被冬季汉堡不断治愈的励志故事；其次，优秀的创意要言简意赅、简单明了，但能引发消费者的集体共鸣，被多种文化背景的消费者所接受，麦当劳有一条经典广告，拍摄的是一个婴儿随着摇篮的前后摆动，在笑哭之间来回转换，最后镜头转向婴儿望着的窗外，麦当劳的标志随着摇篮的起伏变化时隐时现，尽管这个创意简单至极，但却清晰地传达出麦当劳带给消费者的快乐形象。在数十年的创意传播中，麦当劳都会在不同的时代、不同的产品设计不同的创意，而且每个创意都展现着全新的故事和新鲜的体验，但万变不离其宗的是麦当劳温暖快乐、充满活力

---

① 许正林. 西方广告学经典著作导读［M］. 郑州：郑州大学出版社，2009：132－133.

的形象。麦当劳曾经推出指挥家汉堡，在该产品的创意广告中，顾客在麦当劳门店购买指挥家汉堡后，门店电视中便会传出实时的交响乐演奏，在指挥的调动下，音乐、歌手会根据顾客的特征进行演奏、演唱，形成音乐和美食的趣味互动。

提起白酒总是给人以“老成持重”的印象，但中国品牌“江小白”却独辟蹊径，以年轻受众为目标消费群，推出了“我有一瓶酒，有话对你说”的活动，将用户上传的照片及青春感言印在了酒瓶上，如“话说四海之内皆兄弟，然而四公里之内却不联系”“我多么想见你一面，在我们来过的这家店”。由于这些话语真切地流露出青春的感悟，加之网友上传的活力四射的图片，迅速在社交媒体掀起了一股传播热潮。互动式设计让白酒瓶成功改变了冰冷形象，摇身变为有温度与人情味的传话筒。当企业将此类形象公之于众之后，被情感牵动的消费者自然会成为持续传播的力量。就本质而言，此类传播模糊了企业和消费者之间因商品购买而产生的利益关系，互动式设计无形间增强了企业和消费者之间的情感联络，在消费者心中消解了企业的商业意图，增加了一份有形的陪伴感。

案例6–1

可口可乐中国“24”包，传递企业品牌的“人情味”

提到“可口可乐”，我们通常会想到深入人心的可口可乐产品品牌。如今，随着市场环境的变化，可口可乐希望让消费者了解“可口可乐”代表的是一家全品类饮料公司，不仅提供多元化产品，更承担着多重社会角色。

可口可乐公司发现，新生代消费者不仅在乎消费和产品，也在乎人与人之间的关系，在乎自己和世界的关系。他们希望看到企业在社会、环保等议题上展现的态度和价值。因此，可口可乐从“在乎”切入，尝试建立企业品牌，并创造了代表着“在乎”的笑脸符号，让“在乎”拥有了面孔，用更社交化、人格化的方式来建立和利益相关方的情感连接。

2018年1月19日，可口可乐发布了“共创没有废弃物的世界”（World Without Waste）可持续包装愿景，其目标是到2030年，公司每使用一个包装，就会努力回收一个同类包装物，以使其得到循环利用。

要实现这个愿景，除了企业的努力，也离不开公众意识的提升。2018年5月，可口可乐中国公司携手合作伙伴壹基金以及再生潮牌好瓶共创“24”包（24Bag）。这款以数字命名的包，不仅是可口可乐中国可持续包装愿景的践行，也是打造“我们在乎”企业品牌的创意尝试。

通过“24”包，可口可乐向公众传递了关于“重生”、“循环”和“在乎”的多重信息：它由24个回收塑料瓶重塑再造而来；在包里侧，有一块印有专属号码的布片，来自2013年雅安地震时服役的救灾帐篷；每售卖24个包，相应款项就可捐出一顶用再生塑料造的新帐篷；它源自可口可乐“净水24小时”应急救灾机制，即通过公司庞大的物流网络将饮用水送达灾区，使

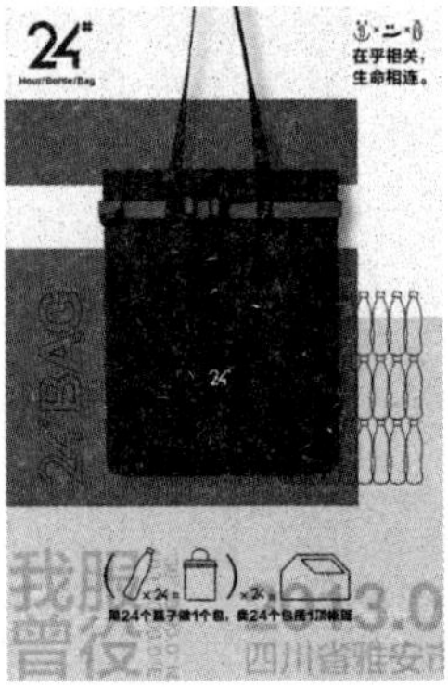

生命得到最快速的救助。

在设计细节上，恰好壹基金、好瓶也有代表自己的笑脸符号，三个笑脸一起，让“24”包增加了正能量的意义。“24”包的推出正值汶川地震10周年，这让消费者又有了深层次的思考和共鸣。

在售卖渠道方面，除了三家合作伙伴电商平台，可口可乐中国还与壹基金零废弃日的线下市集、阿里公益周等渠道合作，让可持续包装愿景和“在乎”主张得到了有效的传播和触达。在社交媒体端，用漫画、长文、街拍种草等方式，讲述产品的设计初心、背后哲学等故事，迎合消费者不同的情感需求。

由于兼具环境和社交意义，“24”包一经推出便多次在可口可乐中国及合作伙伴的电商平台上售罄，成为企业和机构应对环境挑战共创美好商品的典型案例被广泛分享，这是可口可乐通过“电商社交”打造企业品牌的一次成功的创意尝试。

在数字化变革、信息爆炸以及商业和媒体生态深度整合的大环境下，企业需要通过打造更鲜明立体的企业人格，与消费者对话，并产生深度连接。这些尝试，是可口可乐中国充分利用商业优势，通过创新方式传递企业品牌的人情味，引发情感共鸣，有效提升了企业声誉。

案例6-2

以“城市新青年”凸显美团平台价值

美团是中国领先的生活服务业电子商务平台，外卖是其核心业务，这也使得美团拥有百万级的外卖骑手，据美团研究院调查数据，2018 年约有 270 万骑手在美团外卖获得收入。这些骑手中 70% 来自农村，80% 是 80 后或 90 后。可以说，这个群体主要由新一代农民工组成。

2018 年 3 月，美团与清华大学联合启动“城市新青年”计划，致力于为城市服务业劳动者提供帮扶和学习发展平台。以美团外卖骑手为代表的新型就业者被赋予“城市新青年”标签，从而体现美团在促进新型就业上的平台价值。

企业注重传递社会正能量，展现社会主流价值观。一年来，有近 200 名“城市新青年”的正面事迹被主流媒体报道，成为美团的企业形象名片。2018 年，美团外卖骑手协助挽救了 40 条生命，扑灭 10 起火灾，帮助 10 位走失儿童重回父母怀抱，参与 17 次台风、暴雨、泥石流等灾害救援或灾后重建工作；有来自全国 138 个城市的 1000 名美团骑手自发参与了无偿献血活动，献血总量达到 40 万毫升。此外，美团骑手还协助民警破获了 11 起刑事案件，其中有 8 次直面行凶歹徒。无所不能的美团外卖小哥，在社交媒体上更被称为“外卖侠”。

2019 年，国家主席习近平在新年贺词中谈到作为追梦人的快递小哥。以美团外卖骑手为代表的“城市新青年”内涵由此进一步扩充，他们不仅是“有本领、有理想、有担当”的社会正能量，更是“中国追梦人”之一。2019 年新年第一天，美团外卖小哥高朋岗就登上了央视新闻联播。高朋岗在采访中说：“2018 年我的工作很忙，但是我很开心，没想到习主席还想着我们，还惦记着我们，心里觉得暖暖的。2018 年，我唯一亏欠的就是我的父母和老婆孩子。2019 年我要努力赚钱买一辆车，带他们出去旅游。”

2019 年 1 月 17 日，为加强“城市新青年”荣誉感，美团打造了中国第一个外卖骑手颁奖礼：“城市新青年 · 2018 美团外卖骑手颁奖礼”，会上共颁发了 8 大奖项，80 个优秀骑手及站点获得殊荣，走遍中国大街小巷的外卖小哥，首次登上了领奖台。

美团与政府合作，探索城市共治的政企合作样本。美团和共青团北京市朝阳区委合作，1000 名美团外卖骑手注册成为“朝阳小巷管家”，将日常送餐工作与社会面巡查相结合，形成一支遍布街头巷尾的城市“流动探头”，助力城市精细化管理与服务。项目自 2019 年 1 月试点以来，首批 100 名骑手共反映各类城市问题 123 条，其中有效曝光 68 条，有效处理 65 条。外卖小哥成为“朝阳群众”，引起了主流媒体的关注和点赞，进一步提升了“城市新青年”的“含金量”，骑手们也获得了更多的职业荣誉感和社会认同感。

“城市新青年”项目让公众近距离了解了我们日常生活中的“陌生人”，并引起了大家的共情。过去一年，共有2.5亿份美团用户订单备注中向骑手表示“感谢”，有8100万份订单叮嘱小哥要“注意安全”，6000万份订单宽慰小哥“不用着急”，4000万份订单让小哥“雨大慢点骑”。与此同时，商户为美团骑手提供的爱心餐共为骑手节省了1750万元。外卖小哥和美团用户、商家的关系进一步融洽。

美团以“帮大家吃得更好，生活更好”为使命，以打造有良好声誉的社会企业为自己的目标，企业不但有好业绩，还有好行为和好声音，企业的价值不仅体现在一串串抽象的数据中，更有“城市新青年”背后一个个冷夜中的温暖、逆境中的向上、危难中的担当、平淡中的真爱等感人故事。可以说，企业的最大价值体现在让这个社会更加美好。

第二节　“国资小新”的创意传播

“国资小新”是由国资委新闻中心在2013年成立的自媒体，从微博开始发端，逐步发展出微信公众号、客户端等平台。“国资小新”的成立初衷是为新国企代言，“新”字并非只是展现国企运营的升级，更是国企声誉和形象的更新。“国资小新”利用互联网时代的传播变革，获取社交红利，在国企声誉传播中扮演集中展示者、统筹规划者、深度参与者的角色。

一、成立背景：国企声誉升级的迫切要求

（一）舆论背景：亟待重塑的负面形象

根据国资委新闻中心提供的网络调研数据，国资委用舆论关键词对其公众形象进行画像。其中国企改革、科技创新、国企垄断、国企薪酬、国进民退、品牌形象、国企亏损、国企利润是被提及最多的词汇。在 8 个关键词中，3 个是贬义词，1 个为褒义词，4 个为中性词。其他的关键词有一半以上是负面词汇，第一类是有关国企的经营困境，如国有资产流失、巨亏、低效；第二类是有关国企的管理问题，如隐形福利、特殊利益集团、高管落马、天价招待费；第三类是有关国企的社会责任，如雾霾、PX（二甲苯）、化工项目等。剩余的关键词以市场、薪酬、光大、中储粮、中铁建、中石油等中性名词为主。贬大于褒的网络舆论画像，正说明了国企面临美誉度和贡献度的不平衡问题。[1] 其中，国企低效、腐败、垄断等从 20 世纪 90 年代中后期开始，就不断成为国有经济污名化、妖魔化的关键词。持续 20 年固化的国企声誉关键词已经不能代表目前的新国企状况，成为妨碍国企向更加现代化、国际化企业发展的不利因素。重塑国企在民众中的声誉，引导舆论全面客观看待国企是“国资小新”酝酿而生的目标。

---

① 胡钰．央企形象与国家形象［J］．中国软科学，2016（8）：170－174.

（二）传播背景：机遇与挑战互换传播变革

传播是关于传播者、内容、渠道、受众的流程，传播技术决定了传播流程的样式。在互联网基础上建立的全媒体、社交媒体等传播模式的发展，打通了内容、渠道、传播者和受众，甚至以“用户”作为统称更新了受众和传播者的概念。互联网传播时代，传播格局被拓宽，传播资源得到激活和释放，从因为传播资源稀缺造成的单点对多点的强势输出，转变成多点对多点的自由式选择。传播背景的变革契合了新国企声誉传播的定位转变：从高高在上的封闭式宣传到主动出击的精准式传播。

传播背景是国企新形象的传播机遇，也是提升国企声誉的必然选择。互联网时代信息逐步透明化，国际舆论与国内舆论场不再因地域限制而割离，网上舆情和网下舆情相互影响，蝴蝶效应愈加明显。对经济社会都有着重大影响的国企，是民众的关切对象，细微的动作都有可能成为网络热议事件，甚至改变国企的经营走向。如隐匿的风险信息通过网友曝光，爆炸性传播后被民众知晓，因而被推迟的PX项目、网友爆料天价水晶吊灯再次引发国企信任危机等。如果国企不把握互联网传播机遇建设发声阵地，在网络中建立传播威信，培养民众的信赖度与喜爱度，就会被负面舆论占领上风。“国资小新”就在这魅力与威力并存的新传播时代应运而生。

二、成立目标：去中心化时代的新中心

互联网传播时代，去中心化特性明显，传统的优势传播力在洗牌时代需要重新适应新的传播形势，确立传播地位；熟练掌握新传播规律的非传统传播者也可以成为新中心。企业通过在自媒体上发布内容，跨过了传统媒体时代需要借助媒体发布的环节，兼具了信源与媒体的双重功能。当信息被一定数量民众关切，成为高需求信息时，会有媒体关注且跟进再传播，逐渐扩展机构自媒体的影响力。国资委和其他国企虽然不是传统定义中的传播者，但是借助开设“国资小新”等自媒体平台，抓住了互联网时代去媒介化机遇，形成国企集群式传播。目前，传播形式已经进入了后社交红利时代，由于选择过多，粉丝的活跃度和忠诚度也会降低。构建自媒体的影响力、成为新中心的关键在于通过满足用户的需求，增加用户黏性。“国资小新”通过成为舆论中心和关系链中心，奠定了国企内容权威发布的传播新中心地位。“国资小新”为成为新中心，对自身定位进行了创新转型。从危机的处理者、事件的传播者、形象的展示者、信息的报道者、思想政治工作者转变为问题的预防者、价值的创造者、关系的管理者、内容的分发者、生态的培育者。重新定位包含着两个变化：第一成为舆论中心，变被动为主动，从危机处理、事件传播向内容分发、价值创造、生态培育、问题预防转变，是从传播末端向传播源头的改变，打造国企信息的权威信源。第二成为关系链中心，注重通过自媒体平台实现关系管理，通过网络拓展关系、维

护关系、强化关系，增强用户黏性，保障用户对自身的需求程度。

三、创新运营：以传播带动国企声誉提升

（一）传播模式创新

1. 科学统筹全媒体布局

变化是互联网传播的常态，信息源的增多让总体内容生产速度不断，民众对于传播的更高期待促使互联网传播不断变化。媒介技术的创新会随之产生新的传播样态，平台的更新与淘汰速度也随之加快。以创新应对变化，是网络自媒体运营的常态。“国资小新”虽然开端于微博，但并没有被平台束缚，它通过打通多样化传播渠道，逐步迈向微信公众号、直播、客户端、知识分享平台、非媒体运用、人工智能、虚拟现实等多种传播平台，成为跨平台的综合性自媒体。跨平台的运营使自媒体不断适应传播技术的变化，保持传播活力，借助不同平台拓宽自身用户维度，增加传播影响力。因为不同平台的传播形式不一样，因此，跨平台传播要求自媒体生产全媒体式的内容。“国资小新”通过与专业性传媒公司合作，开发出文本、图片、视频、H5 页面、音频、大数据等多样化的内容形态。全媒体的传播方式使得内容可以通过最适合的形式展现，以达到最佳的传播效果，还能满足不同受众的信息接收习惯，增加信息到达率。

全平台全内容的发展策略可以稳妥地降低自媒体被淘汰的风

险，但是每一项平台和内容的开发都意味着人力、财力资源的持续投入，也不可避免会加重机构的运营负担。如果传播内容没有与传播平台匹配，就会造成传播影响力的削弱和传播投入产出比的降低。“国资小新”意识到自媒体运营的困局，不一味求大求全，而是将战略重点放在全媒体的运营规划和平台间的统筹管理，从传播管理层面优化传播资源的配置。目前，“国资小新”对于平台的统筹规划原则是一体化运营，实现“双微一端”三剑合璧。“双微”是微博、微信，“一端”是客户端。微博是新闻发布厅，发展定位是强传播、弱关系。微信侧重社交功能，强化关系维护，弱化传播。客户端偏向于整合功能，弱化触点评估。清晰的平台定位让运营者可以借助不同平台的优势清晰地实现自媒体目标。

2. 人格化形象适应社交传播

首先，“国资小新”通过“萌”符号构建拟人化社交落点。国资委和国企是实体组织，在传播过程中，民众并没有清晰的沟通对象，所以产生了一些沟通隔阂。民营企业通常会使用企业带头人作为企业形象代表，和用户建立沟通感。例如，王健林、王思聪代表的万达集团，乔布斯、库克代表的苹果。但是，国企领导不能长期固定，导致即便国企产生了如宁高宁等经营明星，仍然无法使用领导人作为形象代表。为解决这一问题，国资委新闻中心建立了“国资小新”的动画形象，让一个大头萌娃的虚构人物作为可视化代表与民众进行沟通。在此虚拟人物的设计中有两个视觉重点：一个是占据一半位置的“大头”，大头小身的设计在动画领域中通常被用于“萌”“可爱”的事物；另一个是胸口醒目位置，放置了较大尺寸的爱心，利用色彩原理通过高饱和度的红色在整体视觉形象中脱颖而出。一萌一心构建出虚拟人物的温暖感和亲近感。亲民的“小新”赋予了庞大的国企组织可触碰的沟通落点，改变了国企以往在公众心中触不可及、高高在上的形象，更有网络传播时代的社交化特色。虚拟人物可以一天24小时全年无休的上班，其声誉不会受到贪污腐败绯闻等负面事件影响，相较于真实人物，选择虚拟人物作为代言人使得自媒体形象符号更容易得到控制，稳定性强。在“国资小新”的带动下，央企纷纷推出虚拟人物形象，例如中铁的小铁匠、中石化的小石头、航天科工的航小科。虽然从视觉设计层面，形象设计水准参差不一，但是形成了大央企小字辈的风潮。“拟人化”的传播策略使中央企业新媒体成为网络空间的一股清新“萌势力”①。

其次，“国资小新”通过性格化表达转变话语模式。由于国企的历史源头和管理背景，导致国企传播的话语模式、传播逻辑偏向于官方，语言风格政府化、公文化明显。官方化的语言风格虽严肃、精准，但是在社交化的传播环境中，如果话语风格趣味性差、脱离日常，在爆炸式的信息海洋中就不易引起用户的兴趣，也缺少沟通时的亲近感。在建立了拟人化形象的基础上，如何让形象“说人话”“说让人感兴趣的话”，因为语言而有了性

---

① 闫永，张灏然，贺程，金冬伟，龚政．中央企业新媒体发展简析［D］．中国移动互联网发展报告，2016.

格，是企业新媒体需要面对的话语体系创新。“国资小新”使用了萌系的语言路线，亲近感强。国资委是政府机构，并非有制造专业特长的企业，其作用在于统筹国企发展。“国资小新”柔和、可爱的性格路线正与其所代表的机构职能符合。例如，“国资小新”发布中国两艘航母亮点的微博后，航母制造者中船重工借助“国资小新”平台向网友补充信息，“国资小新”在发布补充信息的文字中写道“中船重工托小新带话”，“带话”两字构建出两个具象的人物形象，让民众感知两者间拟人化的友谊关联。当中船重工第三次让“国资小新”发布信息时，“国资小新”写道：“叒替中船重工带话：航母研发团队平均年龄 37 岁（同志啊能不能一次说完，或者直接开个微博）。”“叒”是网络流行用词，是又又又之意。括号中“国资小新”的“抱怨”萌态百出，同时强调了国企通过新媒体塑造形象的重要性。其他的国企也根据专业特点，设置了虚拟人物性格。如高科技型企业航天科工的动画形象“航小科”，设置了技术宅的标签，以“黑科技”和“冷幽默”构成日常话语性格。

个性化的表述不只体现在单句话语层面，还体现在内容发布的策略上。例如在雄安新区划定之后，网络中有关“最悲催网红”的帖子开始流行，该文称雄县高考状元张英森从清华大学毕业后进入中国核工业集团，经过十年奋斗，并通过四处借钱和卖掉雄安老宅终于支付了北京商住房首付。但是一周后他接到通知，中国核工业集团整体迁入雄安新区。这一则网络段子在打趣的外表下，有可能会借助张英森的悲催和房地产价格的敏感话题，引发民众对于国家政策的不满，发酵成负面情绪。“国资小新”和中国核工业集团利用性格化的表达方式，策划了危机公关。它们借助网络段子思维再造段子，编写了《解密最悲催网红张英森真相》。在中国核工业集团寻找张英森，结果是该集团并没有此人，只寻找到了与张英森情况相似的5人，并请他们主动发声，澄清谣言，发表态度。这5人在采访中都表达了核电工作者的家国情怀，诠释了国资的责任感。借此机会，“国资小新”还发布了其他支持迁入雄安的央企名单。利用互联网思维，使用段子手式的性格化传播思路，成功实现了危机公关。

3. 互动化传播击碎传播隔阂

传统媒体大多是单点对多点的单向传播，由于受到反馈路径的限制，互动性较低。互联网传播为传播提供了即时反馈渠道，例如看到微博后可以迅速回复评论等，为互动提供了保障。开通了互动渠道后，如果信息发布者缺乏互动行为，就会形成“自说自话”的故步自封，是借用新媒体延续传统传播模式的换汤不换药，产生传播“僵尸”感。

由于国企在民众心目中刻板化印象严重，进入社交媒体时，会有一些民众使用回复、@等功能留下质疑、要求解决问题、围观言论。这些言论属于正常的传播行为，但是因为长期置身于传统单向化思维的部分国企媒体，缺少互动应对经验，导致对于网民们提出的异议、见解不答复，或者回答模糊。“国资小新”建立了详细的风险管控机制，应对不同的危机。例如面对新自由主义学者或者西方学者的 PK，如果是对方的有意攻击，根据具体情形，分别采用冷处理、正面回应、团结争取的应对措施。面对意见领袖和草根围观，如果是热点问题就要进行主动发布信息，例如协调专家学者进行理论澄清、发挥微博“统一战线”，组织理论文章主动引导等。如果是突发事件，就要妥善调控，例如指导涉事企业坦诚回应、官方微博及时公布真相、协调其他微博适当应对等。

4. 用户需求主导内容创新

内容是连接传播者和用户的具体承载物。用户对于传播者的内容产生兴趣，才会选择传播者。当用户对内容产生长期的兴趣或依赖时，就会持续地关注，成为黏性较高的使用者。部分国企转战互联网传播，将例如领导出访信息等传统的宣传策略平移至互联网传播平台，自说自话，无视互联网用户的信息需求与接收喜好。忽略互联网规律的传播导致传播效果微弱、人力资源浪费。这种新瓶装旧酒的行为，会变机遇为危机，强化了国企在民众心中滞后、垄断、脱离群众的刻板印象。

“国资小新”对自身的用户进行了画像，其粉丝中 69% 为男性，31% 为女性。其中以 80 后的粉丝为主，约占 45%，还有 1% 的 50 后和 10% 的 60 后，这部分粉丝大多为政府和国企的高端管理者，00 后的粉丝为 0。“国资小新”的粉丝人群可以划分为四类：消费者、传播者、研究者和管理者。消费者寻求的是有用有趣的信息；传播者大多是媒体机构，需要的是行业信息和独家报道；研究者需要的是深度信息和权威数据；管理者则希望通过它了解舆情和民情。在了解用户的构成与诉求后，媒体就能够以用户为出发点进行内容生产机制创新。参照马斯洛提出的需求层次理论，将用户对于内容的需求归类为信息需求、情感需求和休闲需求。对应用户的需求层次，在内容设置方面利用碎片化、精准化和娱乐化的手段制作有价值、有共鸣、通俗易懂的内容。例如，针对马斯洛提出的自我实现的需求，“国资小新”集合了国企的招聘信息进行统一发布，满足求职者的信息需求，同时也为招聘方增加了信息发布渠道。

“国资小新”利用社交媒体使用者通过标签寻找内容的使用习惯，着力发展兴趣标签内容，推出了如“央企人事调整”“央企财报”“一带一路看国企”等标签，便于信息的汇集、推荐和用户的精准搜索。还和其他媒体联动推出标签，例如，与共青团中央共同推出的“中国制造日”标签，通过标签连接内容，发起用户的集体共享行为，形成热点。

5. 三重内容维度构建新国企声誉

按照企业声誉理论，企业声誉的评价体系包括经营业绩、创新能力、社会责任和战略传播四部分。“国资小新”作为战略传播的一环，通过对前三者内容的传播，构建新国企的声誉。在经营业绩方面，“国资小新”主要针对产品质量、服务质量和财务表现进行相关内容的提供。例如“央企财报”等标签。在创新能力方面，“国资小新”针对国企的技术创新、产品创新进行传播。在社会责任方面，“国资小新”针对央企自身的公益作为和联动央企进行的公益活动进行传播。这些内容并不是彼此分离的，在大多数的情况下，三者都会被融入每一次的传播中。

国企的硬实力不容小觑，“国资小新”关注国企发展的重大成就，如新技术开发、新成果展示等。许多国企的成就是世界级领先水平，国企又是重要的国家形象体现，“国资小新”巧妙地将企业成果展示与国家自豪感结合，打通了对于国家和企业的认同，让“秀肌肉”不仅仅是企业能力的展现，更突出了国企的社会责任与国家责任。如“国资小新”对C 919飞机成功飞行的报道，从科普层面详细解读了该飞机的核心技术和关键技术，强调中国拥有该飞机品牌和自主知识产权，并利用表情包、飞行员时尚海报等内容带动情感传播，将企业的成就与中国航天事业的突破联系起来，在社交媒体中更容易引发民众共鸣和认可。

“国资小新”还会联系舆论热点，寻找国企关联点，借助事件热度传播国企声誉。例如在南海仲裁案菲律宾获胜的关键节点上，“国资小新”策划了《行胜于言！南海，央企来了！干得漂亮!》的微信推送文章。在文章中介绍了电信、联通在西沙南沙覆盖4G信号，中国南方电网为三沙提供供电服务，南航在南沙新建机场并试飞成功的信息。这些国企成果的展示在民众强烈渴望信息的节点上被释放，成为民众爱国情绪的宣泄口，被广泛地转载，迅速突破了10万+的阅读量。

6. 智能服务打破发展瓶颈

“国资小新”在经过初期的野蛮生长后，关注人群快速扩大。用户数量的增长也为机构性媒体带来了困扰，实体机构中的高层管理者开始关注，对内容的把控便会逐渐严格。当行政手段开始管控内容发布后，内容生产者会因为害怕触碰红线而倾向于发布更加保守、稳妥的信息，传播创新度和活力会随之降低。同时，伴随着后社交红利时代的到来，粉丝规模相对固定，增加粉丝量已经不是自媒体的第一任务。增加用户黏性，保持用户对自身的需求度成为主要任务。

为突破瓶颈，“国资小新”希望从智能化服务入手破题。以扩大服务范围、提升服务质量，升级现有以信息发布为主的传播局面。信息发布虽然可以实现互动，但仍然是单点对多点的发布，不能做到点对点的精确沟通。但有了智能化服务，就可以更直接、更精确地满足关系链中每一点的需求，提高单条信息的利用率。通过服务更直接、更精确地回应用户需求。通过智能化系统，“国资小新”会将现有内容进行条目化的编辑，当用户输入希望获得的信息时，就能得到快速的反馈。

（二）体制机制创新

政府和国企的传播在传统媒体传播时代偏向于稳健，与市场化传播差异较大，自成一派。几乎所有国企都有宣传部门，但是宣传部门往往重内宣、轻外宣。固有的传统宣传思路和求稳的宣传定位，与新媒体求新求快求变化的传播规律互相排斥。想要利用互联网传播之浪推动新国企声誉传播之船，需要从体制机制创新入手，这是发展的根基，也决定了未来的发展高度。

1. 组织结构保障

体制机制的保障包括建立专门化的传播队伍，招收专业化的互联网传播人才，为其提供组织结构保障。“国资小新”由国资委新闻中心负责，具体由网络处运营。运营团队主力人员具有品牌传播、互联网传播方面的一线工作经验，团队成员年龄相对小。国资委新闻中心的职员是核心团队，决定了“国资小新”的定位、发展方向、战略部署等。在具体操作层面，不同的传播项目因目标不同，会寻求不同的外部协作团队和支撑团队。互联网时代，个人的知识面和能力已经无法应对所有问题。联合专业化团队，根据不同的内容寻找最优的生产方，将互联网的共享精神植入团队构建当中，才可能制作出专业化、有话题的传播内容。“国资小新”对自身的定位是跨界、跨专业、跨地域的资源共享价值分享平台。

2. 管理方式创新

互联网传播有一个关键词是“快”，及时发布、及时回应。信息发布迅速的年代，如果不能及时给予官方信息，容易导致谣言四起的被动局面。“快”字在组织结构中主要由反应力体现。组织越精干，反应力越强，发布需要通过的流程越多，反应力越低。试想，如果连在微博回复粉丝都需要经过领导审批，反应速度必定会随之降低。由于工作难度的增加，会削弱信息发布者的互动热情。简单易行的审批制度造就快速反应力和活跃创造力。

“国资小新”的内容发布采取“不审”的原则，团队内部领导不审，更高级的管理部门也不审。审理权的下放，提高了制作者的主观能动性，且加快了信息发布的反应速度。但是，“不审”并不代表“不管理”。每一条信息的发布都由发布人自己审查，发布人经过严格培训，熟悉信息发布的规范和尺度。虽然在“国资小新”的传播历史中曾出现错别字等传播失误，但是发现错误后的及时更正，和“国资小新”长久以来积累起的粉丝信赖度，使得失误并没有引起大的负面反响。

3. 矩阵化传播的分享与共赢

互联网精神在于激活网络中的每一个节点，通过“分享”实现“共赢”。借鉴互联网精神，“国资小新”放弃单打独斗的策略，在微博上联合 50 家央企、6 个省国资监管机构、数家国企和 18 家央企媒体，在微信上联合 69 家央企总部微信，客户端层面联合 15 个央企 APP，形成新媒体矩阵。此外，“国资小新”还建立了国资新媒体的“统一战线”，包括中央部委、地方发布、新闻媒体、网络名人、央企媒体联盟和网评员。不断扩充媒体资源，与其他媒体合作，扩大影响范围。“统一战线”建立后，“国资小新”不断强化关系链条，希望通过占据关系链的核心，贴近用户的需求，为用户带来更多的资源，进一步获取社交红利。

为强化关系链，变关系链为实质内容，达成众人拾柴火焰高的效果。“国资小新”推出了一系列活动，调动资源参与的积极性。例如组织线上线下联动的沙龙，由企业承办，“国资小新”设置议题，邀请专家参与。联合企业进行公益活动，例如“国资小新”得知南水北调的中线工程水库地因保护水质取缔了 15 万个网箱，导致 300 万斤鱼滞销，农民损失惨重。“国资小新”在央企关系链中发起公益众筹，最终中粮忠良汇、我买网，华润万家等企业为鱼农提供冷冻连、销售渠道的支持，解决了此次危机。这一次众筹活动解决了国家重点议题中的地方危机，为央企、“国资小新”赢得了良好的声誉。“国资小新”还会进行话题策划，在矩阵中吸引志同道合者，分享内容，共享资源，联合传播。开放性的众创行为激发了关系链中每一个链条的内容生产主动性。例如，紧跟 2017 世界杯预选赛中国 1∶0 战胜韩国队的热点，“国资小新”联合多家央企进行了以“什么红都不如中国红”为主题的议题联动，为每家参与的企业制作一张海报，采用统一的红色底色，其中主漫画和八字口号可以根据不同企业的专业成就与赛事胜利的结合进行个性化设计。中国航天科工的口号是“防线再强，我都能破”，用火箭代表 1，用写有 THAAD 字样的圆圈代表萨德，巧妙地将时局、企业行为和赛事热点结合。

互联网时代给予了国企声誉传播发展的重要机遇，它让国企前所未有地得以贴近用户，突破了之前国企声誉几乎全部依赖媒体报道的限制，可以畅通地自我发声。国企自媒体需要了解用户需求，强化服务意识和关系链意识，这正与国企迫切需要转变“不接地气”“对上不对下”的方向吻合。用战略传播提升民众对于国企经营业绩、创新能力、社会责任的认知度，以民众需要的方式传播，发动民众参与传播，实现国企新声誉的全面提升。

案例6-3

“国资小新”与抖音携手推动企业创意传播

2018年5月30日，“国资小新”正式入驻抖音，并发布第一条短视频。国务院国资委新闻中心主任毛一翔亲自在视频中出镜，以“儿童节到了，送点啥礼物?”为题进行“严肃卖萌”。该视频不到12小时播放量破200万，并获得超11万点赞、15万粉丝关注。网友们惊喜点赞：这才是官媒宣传自己的好方法。

6月1日，央企卡通部落揭幕式暨国务院国资委新闻中心与抖音战略合作签约仪式在北京欢乐谷举行。“国资小新”携中央企业媒体联盟与抖音签署战略合作，首批25家央企集体入驻抖音，包括中国核电、航天科工、航空工业、中国建筑等。当天活动获得中央电视台、人民网、光明日报、北京电视台等30余家主流媒体报道，相关报道被转发百余次。

更大的传播力体现在网络上。本次事件迅速在网络发酵，抖音官微等13个微博500万+粉丝大号联动宣传本次事件，覆盖人数1.25亿，总阅读量数千万，总视频播放量数百万。多个微信网红大号推文，一些公众号单条阅读达到10万+。由于持续蹿红，不仅有网友自发创建“央企卡通部落”百度词条、地图定位，更有旅行社将“央企卡通部落”定制为旅游路线，形成了广泛的社会影响。

作为六一儿童节主题线上活动，“国资小新”联合抖音在5月30日发起了以“biu，回到童年”为主题的公益挑战，在挑战中参与者将身体部位结合儿时歌曲和观众一起“回到童年”，为山区留守儿童爱心接力。截至6月10日，本次挑战共有11.7亿次点击，26.8万人参与，4087万次点赞，121万次分享，224万次评论，成为真正意义上的网络热门爆款，并创新性地将时下热点与公益行为相结合，收获广泛好评。6月11日，公益物资捐助单位中建二局将610份物资分发至位于重庆市、四川省、云南省等西南地区的贫困学生和留守儿童手中，而在挑战中前610名的用户将获得这些物资的“署名权”，公益物资将印有他们的抖音ID。这种企业传播与社会公益结合的活动，将企业社会责任形象通过抖音平台的流量优势和精准推荐传播给广大公众。

创意传播的影响力是巨大的。5月30日至6月18日，集体上线仅20天，央企短视频作品累积点击量已突破1.2亿，许多来自央企生产一线的接地气、平民化、新鲜性的优质内容得以迅速而最大地展现给公众。

6月8日15时50分，中国铁建记录下在平均海拔3600米的青藏高原，200多名普通的中国铁路工人，顺利完成青藏铁路陶力车站轨道平移施工作业的珍贵瞬间。视频在抖音发布后，短短两天播放超过5000万次，点赞量突破240万，评论达7万多条。在评论区中，热泪盈眶、向工人兄弟致敬的呼声此起彼伏，积聚起点赞祖国、感恩社会的正能量。

大量的正能量企业短视频传播了企业好声音、展示了企业好形象。“中国建筑”发布的获赞10万+的航拍视频“我们在文莱PMB石化项目，带你看看‘一带一路’上的大美风景”，被网友评论“为祖国的强大自豪！”。“中国交建”发布的“新疆乌尉高速穿越的台特玛湖区，美到窒息”短视频，被网友评论“辛勤建设的人们，辛苦了，向你们致敬”。“中国中车”分享的外国媒体走进“复兴号”车间的视频，引得大量网友点赞中国工匠精神。“航空工业”发布的“致敬祖国，你们要的歼20来了！”，点燃了百万网友的自豪之情，纷纷点赞“国之利刃，几代航空人努力的结晶！”

企业创意传播的要义是：零距离地说新话、说实话、说人话，企业创意传播的作用是巨大的，创意传播的空间更是无限的。

第三节　“走进新国企”创意传播

自2012年开始，国务院国资委新闻中心（以下简称“新闻中心”）在宣传局的指导下，大规模、集中性地策划开展了“走进央企”形象公关活动，后为扩大活动覆盖面，吸引更多地方国企参与，更名为“走进新国企”，至今已举办了超过100期。活动开展以来，先后邀请全国政协委员、国务院参事、智库专家学者500余人次，各国媒体记者、网络名人、网友代表、网红、驻华外交官4000余人次，走进了260余家中央企业和地方国企。通过坦诚沟通，积极传播，向社会展示了改革开放以来责任国企、创新国企、活力国企、阳光国企的新形象，有效改善了企业、政府的公共关系。

一、新形势下如何做好国企公共关系

（一）国企公共关系面临诸多挑战

从20世纪90年代末开始，我国国有企业的改革发展成效显著，特别是2003年国务院国有资产监督管理委员会成立以来，国企的创新力、竞争力、带动力、保障力和内在活力不断提高，但是，国企的软实力、美誉度却没有相应的提高，因此导致“两个不匹配”，即软实力和硬实力的不匹配、美誉度和贡献度的不匹配，国企的公共关系构建面临着诸多挑战。要扭转国企在公共关系领域的被动局面，最重要的是主动。主动发声，主动与社会沟通，主动把自己打造成“阳光国企”“透明国企”。国企属于全民所有，只有真正做到全民所知、全民所享，才能树立起好形象，构建良好的公共关系。国企要改变过去“多做少说、只做不说”的局面，加大对外传播企业声音的力度，发出好声音，树立好形象。对于国企来说，要实现“三个并重”：埋头干活与抬头说话并重，业内口碑与社会形象并重，创造物质财富与创造精神财富并重。

（二）搭建平台、完善管理、树立品牌

新闻中心在总结以往工作经验的基础上提出，社会公众对国企的认识误区主要缘于不了解，构建国企与民众的良好公共关系，核心就是做好国企与社会的沟通，要下大气力与社会各界正

面交流，力争打破神秘感、模糊感。在“走进央企”“走进新国企”系列活动中，新闻中心通过精心准备，突出高端、突出互动、突出创新，完善“三库”，实现“三化”。

1. 完善“三库”，做好资源储备

新闻中心坚持广交朋友、广搭平台、广发声音，积极主动做好“走进央企”“走进新国企”系列活动的线索库、媒体库、专家库三个方面资源的储备工作，确保活动持续有效开展。

一是完善线索库。根据国企面临的发展新形势和舆论新格局，逐步搭建完善“走进央企”线索库。在与相关企业反复沟通的基础上，认真选择并精心设计采访线路，内容涉及全面深化改革、科技创新、重大工程、社会责任、企地合作、“走出去”等以及企业一线员工、科技人员、基层管理者的先进典型故事，并将线索分类整理，按不同议题分别推荐给相关媒体。

二是完善媒体库。整合既有媒体资源，邀请人民日报、新华社、光明日报、经济日报、中央人民广播电台、中央电视台、工人日报、中国青年报、中国新闻社等中央媒体，人民网、新华网、中新网等网络媒体，第一财经日报、21 世纪经济报道、南方周末等市场化媒体，以及专业媒体、自媒体大 V、正能量“网红”，形成媒体库，加大主动沟通力度，不断创新传播手段，进一步拓展了工作思路。

三是完善专家库。在反复筛选和真诚沟通的基础上，邀请全国政协、发改委、财政部、商务部、科技部、国务院发展研究中心、中央党校、国家行政学院、中国科学院、中国社科院、清华大学、北京大学、中国人民大学、中国传媒大学、中国软科学研究会等单位的知名专家、学者，以及财经专家、传媒大咖、意见领袖、民间智库定期参加“走进央企”“走进新国企”系列活动。

2. 做好闭环管理，实现“三化”

随着“走进央企”“走进新国企”的持续开展，新闻中心不断总结，逐步完善，形成了新闻线索—前期策划—走进体验—集体发声—效果评估的闭环管理模式，做到战略上主动、体系上健全、手段上专业，推动活动实现“三化”。

一是实现常态化。定期分类整理并确定一批市场竞争力强、国际化程度高、创新能力突出的代表性企业，设计多条线路。

二是实现规范化。制定《“走进央企”工作指引》和《“走进央企”工作流程》，规范活动的内容和形式。

三是实现品牌化。设计“走进央企”“走进新国企”的 LOGO，做到预热、现场、后期的传播内容整合，实现梯次传播。

二、主动邀请公众“走进国企”，缔造新型公共关系

几年来，新闻中心聚焦热点回应社会关切，有针对性地开展了多期“走进央企”“走进新国企”系列活动，主动发声打造“阳光国企”，积极搭线开展地方政府与企业合作，在传播国企正能量、好声音的同时，增进社会公众对政府和国有企业工作的认识理解，提高了公信力。

（一）增信释疑，聚焦国企改革发展

1. 集中调研，发声国企改革

2012 年 9 月 3—7 日，由新闻中心组织，国务院发展研究中心研究员陈清泰，著名经济学家、国务院发展研究中心学术委员会副主任吴敬琏，全国政协委员、中国科技金融促进会风险投资专业委员会主任张景安率国务院发展研究中心调研组，分别来到中国石化、中国建材、国投集团、中国铝业和新兴际华进行调研。其间，还邀请诚通集团、中国电子、中交集团、国电集团、兵装集团、中国电信、中粮集团等公司相关负责人一起座谈，共话国企改革发展。陈清泰对部分中央企业改善公司治理的成绩，在充分竞争领域的发展和成长给予了高度肯定。他认为，现代国有企业改革的重点是结构调整和企业制度创新，央企最重要的社会责任是健康发展，创造就业，提升国家竞争力，应该在外部治理方面为央企创造更好的治理环境。吴敬琏对国资委在推进央企公司治理改善中所做的工作表示赞许。他指出，必须放眼更大的图景，从国资改革的角度思考国企的定位，建立与之相匹配的制度，才能从根本上解除国企发展的桎梏。

2. 多频传播，揭秘“铁塔模式”

2016 年 2 月 19 日，新闻中心围绕“提质增效”主题，组织了“走进新国企·揭秘‘铁塔模式’”活动。用“揭秘”的方法，提前在朋友圈发布微信，进行预热传播，比如向公众提出中国铁塔“是什么，为什么，干什么，怎么样，在哪里，跟我有啥关系？”等问题，同时向大家发出邀请“跟我来看一看吧！”预热微信获得了90000 + 的阅读量。活动还邀请了国家行政学院研究员张春晓、北京师范大学公司治理与企业发展研究中心主任高明华、720健康科技董事长项立刚等专家学者及新华社、中央电视台、求是杂志等近50家媒体走进中国铁塔股份有限公司，进一步总结梳理国企国资改革经验，宣传推广改革取得的阶段性成果，让社会公众听到、看到典型企业通过深化改革取得的成就。

3. 集中采访，“走进”12样本

2016年7月至8月，新闻中心组织多家媒体到重庆市国资委、江西省国资委、广东省国资委以及招商局等12家单位，就国企改革发展情况做了采访。媒体对这些单位加快企业调整重组、发展新业态、强化资本运作、出清重组“僵尸企业”、开展两类公司试点、开展与不同所有制企业间资本对接试点、开展经营者和员工持股试点、开展混合所有制改革试点等工作做了报道，在一定程度上澄清了当时理论界、舆论界对深化国企改革政策措施和实践效果的模糊认识误区。

（二）创新驱动，现场体验科技力量

1. 创新组歌，展示央企风采

2016年5月，新闻中心组织了“走进央企·创新组歌”。“创新组歌”分为“创新国投”、“航天云网，创赢未来”、“智慧转型——走进招商局蛇口网谷智慧园区”、“特高压迎峰度夏千里行”、“探寻预警机精神”、“创新之核——走进华龙一号全球首堆福清核电”、“无锡厦门蛟龙行”、“铸就高铁金名片”、“走进中国石化”和“关注国家网络信息安全”十个篇章，通过“请进来，走出去”的方式，邀请了有关专家以及数十家媒体参与活动，分别走进了国投公司、航天科工、招商局集团、国家电网、中国电科、中核集团、中船重工、中国中车、中国石化、中国电子等中央企业，深入挖掘、广泛传播央企创新成果和创新故事。

2. “走进”港珠澳，领略世纪工程风采

2012 年以来，新闻中心策划了一系列针对“世纪工程——港珠澳大桥”的报道，组织相关专家和作家，国内外权威媒体多次走进港珠澳大桥调研、采访。媒体报道 400 余篇次，取得了较好的传播效果和社会反响。2016 年 4 月 13—15 日，新闻中心组织“走进新国企 · 春风化雨港珠澳”，邀请中宣部思想政治工作研究所、全国党建研究会等党建工作主管部门、研究机构，以及主流媒体参与。专家和记者普遍反映，这次活动是“震撼之行、感动之行、振奋之行”，为“上天入海”的超级工程而震撼，为“桥梁报国”的朴实建设者而感动，为中央企业党组织的制度优势而振奋。媒体记者在参观后纷纷表示：央企的故事生动感人，央企的职工可歌可敬，央企的党建工作优势明显，应该让社会有更多的了解。专家学者代表表示，岛隧工程人物典型集中体现了国企人精忠报国、勇于担当的爱国主义精神，自力更生、艰苦奋斗的创新创业精神，团结协作、无私奉献的大局观念。

3. 创新传播，领略“航天酷生活”

2016年9月30日，在“中国航天事业创建60周年”之际，新闻中心组织开展了“走进新国企·航天酷生活”，采用视频、图片、专题多重传播，探秘航天军民融合产业发展，取得良好效果。“走进新国企·航天酷生活”首次将论坛与现场采访相结合，让专家、记者理论联系实际，感性补充理性，深刻理解航天技术民用产品的重要意义。论坛上，通过听取报告和采访航天科工集团董事长高红卫、快舟系列运载火箭总设计师梁纪秋等专家、领导，记者们获取了大量理论依据。调研现场，采访团体验了“民用航天、激光装备、天然气装备、特车及重工装备”等四大主导产业和相关军民融合产品，对商业航天的广阔前景获得了直观的感性认识。他们爬上航天科工四院生产的重型矿用车和豪华游艇、走近LNG装备生产线、观摩智慧水利监测系统和“太空医院”“太空厨房”，将镜头、话筒对准一线，对准各类明星产品，争相为航天产品代言。

4. 紧扣热点焦点，回应社会关切

结合四年一届的世界杯足球赛，策划实施《中国企业队征战世界杯》整合传播方案；结合习近平总书记考察新疆的讲话精神，策划开展《助力新疆发展》，分五组小分队，深入调研采访6家援疆企业；在西藏的拉萨——日喀则铁路开通之际，从旅游新热点入手，策划《坐着火车看珠峰》，整合了7家相关企业资源进行传播；结合有“心肺之患”之称的大气污染问题，策划

《寻找地球之肺》，寻访内蒙古森工集团对国家绿色屏障所做出的保护和努力；在青藏、川藏公路通车之际，策划专题《画两条公路到西藏》；围绕航天科工在民用领域取得的成绩，策划《感受科技的力量》，邀请吕政、宋方敏等多位知名专家及多家网络媒体全程参加了采访报道。

5. 砥砺奋进新国企，展示十八大以来国企成绩

2017 年 6 月以来，新闻中心组织了以“砥砺奋进新国企”为主题的“走进新国企”系列活动。连续走进了航天科工、中国通号、中国移动、中国建筑、中国商飞、中交集团等单位，展示了党的十八大以来国企特别是央企在深化国企改革、重大工程项目、重大科技创新等方面取得的丰硕成果。

（三）转型升级，感受绿色发展实践

1. “走进”神华，探索绿色能源

2013 年 8 月 27—30 日，新闻中心组织数十家媒体开展“绿色能源——神华行”，深入我国规模最大、现代化程度最高的煤炭企业和全球最大的煤炭经销商神华集团考察、采访。清华大学公共管理学院教授、博士生导师，清华大学国情研究院院长胡鞍钢发表了题为《神华集团变身绿色能源产业的引领者》的文章，寄语神华“我国从煤炭产业的落伍者，到追赶者，再到并驾齐驱者，现正走向引领者。神华未来之路，一是绿色能源，二是绿色发展，三是绿色创新。煤炭产业如何从最大的‘黑猫’变‘绿猫’，关键就是绿色化、清洁化、低碳化、循环化、本质安全化，

神华打造绿色能源产业链的探索不仅给中国，甚至给全世界都提供了很好的借鉴与思路”。

2.“走进”重大工程项目，见证转型升级

2013年，新闻中心邀请各类专家记者和社会公众走进中交、华能等央企，参加“企业开放日”。活动中，有专家表示，国有企业担当了中国经济增长的总任务，担当了重大基础设施的建设，担当了国家具有竞争性大项目的建设和大项目的创新，担当了统筹区域发展的推进任务，国有企业的良好发展充分说明了改革开放政策的正确性，充分说明了党的十八大提出的创新驱动发展战略的正确性。没有国企发展就没有中国发展。“中国梦”的实现，要学习中交、华能的创新精神。胡鞍钢看了这些企业后表示，感触很深，非常震撼。中央企业坚持创新驱动，完成了一系列世纪级工程，正在成为伟大的企业。这些年国有企业经历了死而后生、生而再兴、兴而再强的不平凡发展历程，我们对国企的评价一定要建立在调查研究的基础上。我国的世界500强企业以国有企业为主，充分体现了国有企业的强大竞争力和重要作用。2013年5月13日，刚从华能天津公司回到北京的胡鞍钢教授在给清华大学公共管理学院举办的中央部委处级干部培训班授课中，就以中交、华能为例，高度赞扬了央企的创新成就和贡献，并表示将把“走进央企”中的所见所闻所思写入自己的报告中。这些权威专家的积极评价对企业产生了很大的鼓舞作用，也对同行的媒体产生了很大的引导作用。《人民日报》在5月27日头版头条刊发了随行记者采写的《创新挺起国家脊梁》的文章，详细介绍了中交、华能的绿色发展情况。

3. “创新之核”，感受清洁能源

2015 年 3 月 4 日，新闻中心联合中央网信办网络新闻信息传播局“走进新国企·创新之核”，带领 20 余家网络媒体走进中核集团“华龙一号”。作为我国具有完全自主知识产权的第三代核电机型，“华龙一号”首次实现了我国核电技术出口西方发达国家的目标，在我国核电发展史上具有划时代的意义，是中国装备“走出去”的新名片。

4. “中国绿生活”，央企为先锋

2015 年 8 月 18 日至 21 日，新闻中心组织了“走进新国企·中国绿生活”，邀请了多名行业专家和 20 余家重点媒体走进中国十七冶集团有限公司、北京恩菲污水处理厂以及中国节能的合肥垃圾焚烧发电厂、镇江光伏生产基地、杭州绿色建筑科技馆等项目，向社会展示了中央企业在节能减排、绿色环保等方面的新技术、新理念和新手段，传播“绿色央企”在建设美丽中国中做出的贡献。

（四）搭建平台，讲好社会责任故事

1. 邀请高校师生走进来，感受央企新风貌

为使青年学生客观看待央企，感受央企新风貌，传播央企正能量，新闻中心多次组织高校师生走进央企。2014 年 2 月 17 日至 18 日的“走进央企——清华学子神华行”，组织 10 位清华大学本科在校生到神华集团所属朔黄铁路公司、黄骅港务公司、国

华沧东发电公司三家单位进行调研实践。调研团一行 15 人，感知了能源企业的绿色发展步伐和社会责任承担。同年 5 月 4 日至 9 日，来自北京理工大学、南开大学等全国各地的 20 多名大学生记者实地探访了国家电网冀北电力秦皇岛供电公司和廊坊供电公司，体验央企基层单位履行社会责任、服务京津冀一体化的生动事例，分享一线职工的苦乐与追求，增进对企业的理解和共识。同年 8 月 10 日至 16 日的“走进央企——清华学子中交行”，6 名清华学子赴中国交建下属三航局开展了为期一周的参观访问，就央企转型发展等问题进行了调研，参观中交三航局承建的扬中三桥等项目，走访了深水港工程结构（企业）国家重点实验室等单位。同学们表示，通过调研，感受到了企业的责任感、大作为、文化底蕴以及创新转型的魄力，改变了认知上的偏颇，提升了理论与实践的综合思维，对央企有了更全面的了解。

2. 走进高校，央企高管与大学生面对面

新闻中心联合团中央学校部，组织“走进央企・与信仰对话——央企高管与大学生面对面”。2014 年 10 月 13 日，神华集团总经理凌文走进北京大学光华管理学院，以“从世界角度看中国国有企业”为题与 200 余名各高校学子就国企改革热点话题展开互动交流。凌文就环保与可持续发展、混合所有制改革、国企薪酬改革等青年学生和社会公众关注的话题，与学生进行了坦诚、开放的互动对话，以真切、平实的风格，运用大量数据、图表说话，将中国国有企业的改革发展放到国际视野中进行审视与评判。他还结合神华的发展历程，阐释了作为中央企业应当履行的政治责任、经济责任和社会责任。北京大学学子在学校 BBS 上留言，称该活动“吹散了央企与大学生之间的‘雾霾’”。2014 年 11 月 4 日，中国东方电气集团有限公司总经理斯泽夫走进清华大学，探讨当今人类面临的危机与挑战，分享他对“理想”的理解，鼓励大学生信仰真理，抓住机遇，选择可以托付终生的事业，由此开启人生的胜利征程。2015 年 4 月 17 日，中国航天科工集团公司董事长、党组书记高红卫走进清华大学与青年学子面对面，从历史、现状、未来三个维度，共同回顾了中国航天人所走过的创新之路，述说中国航天事业的伟大成就，畅谈中国航天人的飞天梦想，受到在场青年学子的好评。

3. “北京炫生活”，对话首都百姓

2015 年 4 月 9 日至 10 日，新闻中心联合北京市人民政府新闻办公室、北京市国资委共同主办“走进新国企 · 北京炫生活”。此次活动以公众为对象、坚持互动、真诚、沟通的原则，有意识地通过各类媒体（楼宇电视、公交电视、广播等）向公众传递信息，让公众看到国企贴近百姓生活、具有人情味的“软”的一面，取得了良好的传播效果，活动传播覆盖了各种媒体、各类人群，实现了无缝立体传播。

4. 国企开放日，展示责任国企

2016 年 5 月，新闻中心联合北京市委宣传部、首都文明办、北京市国资委、北京市教工委、共青团北京市委等单位开展“展望十三五 · 发展谱新篇”走进首都国企。活动当天 100 家首都国企敞开大门，邀请广大市民、专家、媒体、学生、军人、网络名人等走进企业，走进国企博物馆，走进国企老字号，亲身感受国企的巨大变化。以此次活动为契机，围绕“创新、协调、绿色、开放、共享”五大发展理念，进一步深度挖掘国企在践行中所做的努力和贡献，传播国企“十二五”的亮点和“十三五”的重点，唱响首都经济光明论。

2017年6月，新闻中心联合北京市委宣传部、首都文明办、北京市国资委、北京市教工委、北京市旅游委、北京市总工会、共青团北京市委等单位开展以“喜迎十九大·走进新国企”为主题的第二届“首都国企开放日”。活动当天，百余家国企集中向公众开放线路总数达132条，参加活动的国企除93家北京市属国企和16家中央在京企业之外，还新增10家区属国企。与此同时，参观人群也更加多元，此次活动中有35条线路邀请了在京外国友人，还邀请残疾人朋友进入企业“绿色通道”参观，感受国企的温暖与真诚。舆论普遍认为，此次国企开放日拉近了国企与公众的距离，让公众切身体会到国企改革成效显著，在相当程度上改变了公众对国有企业的旧有印象，社会各界对国有企业改革所取得的巨大成就普遍感到振奋。

5. 央地合作，寻找PPP样本

新闻中心紧抓2016年政府工作报告中的社会热点议题，邀请政府权威部门提前策划，以树立样本登上国际论坛为目标组织“走进新国企·寻找PPP样本”。通过总结国有企业投资创新、融资创新和管理创新的成果，邀请政府权威部门相关负责人全程参与，有效提升了活动权威性、专业性和关注度。中国财政科学研究院院长刘尚希说："走进新国企"活动让我们了解了央企的发展，看到了央企在PPP模式创新方面的样本力量，"书写了社会发展的历史"；国家发改委投资司副司长韩志峰认为，中交集团在PPP实践探索中抓住了本质，创新了模式，支持了地方建设，为发改委的PPP立法工作提供了样本参考；财政部PPP中心副主任焦小平表示，中交集团通过制度创新为大众提供了优质高效的公共服务，充分体现了创新央企、责任央企的良好形象；贵州省交通运输厅党委书记、厅长王秉清认为，以中交集团为代表的央企让贵州实现了"县县通高速"，带动了贵州整体的脱贫致富。现场，韩志峰还邀请中交集团的同志参加由国家发改委与联合国欧洲经济委员会合作举办的PPP国际论坛，向国内外同行介绍中国PPP样本的情况。

6. 勇于探索，精准扶贫之路

2017年6月26—27日，新闻中心组织了走进新国企·揭秘草原"幸福路"，来自中央党校的专家以及人民日报、党建杂志等媒体齐聚中冶集团通鲁高速公路项目，参观项目施工现场，观摩党员活动室，采访当地牧民、筑路工人，揭秘"幸福路"。通辽市交通局局长王宏图说："中冶通鲁高速项目为内蒙古地区带来了便利的交通环境，促进旅游业等第三产业发展，解决了脱贫攻坚等众多社会民生问题，也有助于祖国边疆国防建设，民族团结和民心稳定，是一条名副其实的'幸福路'。"中央党校党建部博士后邵丹表示，此次活动正值内蒙古自治区成立70周年之际，恰逢其时，是一次震撼心灵的党性教育。中央党校党建部博士后杨柳表示，通鲁高速不仅是内蒙古人民通往幸福生活的幸福之路，更是一条连接党建和发展、党心和民心的廉政建设之路。

（五）国际交流，推动“一带一路”倡议实施

1. 驻华外交官走进央企

2012年11月30日—12月2日，新闻中心与中央外宣办联合开展了“驻华外交官进央企”活动。来自32个国家和上海合作组织的42位外交官集中参观了中国南车青岛四方机车车辆股份有限公司和中国石化齐鲁石油化工公司，展示了中国国有企业的市场竞争力，介绍了中国国有企业拓展海外市场中承担的社会责任。参与活动的各国外交官对活动表示了肯定，此活动达到了增进了解、扩大互信、加深友谊、促进合作的目的。

2. 海外“出镜”，央企整体形象传播

在“走进央企”过程中，新闻中心掌握了大量央企“走出去”的信息，2014年国庆节期间，新闻中心整合央企海外投资建设信息，推出30秒《感知中国企业》形象片，以每天180次的播放频率，在美国纽约时代广场亮相。这次央企集体海外“出镜”，让印有中国制造的动车组、高架桥、特高压电网等央企重大科技创新成果登上世界舞台，让全世界“走进了央企”，看到了央企的速度、品质和创新能力。国际国内对此高度评价。第一财经记者以“30天30秒国企如何现身纽约?”为题对此事进行了深度报道：从9月2日双方首次见面，到9月29日宣传片正式在英国伦敦希思罗国际机场、法国巴黎戴高乐机场上线，仅仅27天的时间，这不

仅代表了新闻中心的速度，也体现了中国速度。

在《感知中国企业》的形象片播出后，许多专家也都表达了赞许。昆仑策研究院院长昆仑岩专门撰写了文章——《让世界认识中国企业的国家形象——评 < 感知中国企业 > 形象片》，他在文中提道："在欢庆新中国 65 岁华诞之际，这部代表中国速度、中国质量、中国制造的形象片，精彩亮相于被称为'世界的十字路口'的美国纽约时代广场，让人热血沸腾。谁说中国只是外国产品的加工厂？这部短片诠释的不仅仅是中国工业制造的品质、速度和能力，同时证明国有经济是引领中国科技创新、实现国家经济腾飞和参与国际竞争的主力军和顶梁柱，证明坚持中国特色社会主义道路可以造福人民、影响世界。企业是国家形象，文化是战略力量。感谢国务院国资委新闻中心以高屋建瓴的宏观把握和精巧完美的艺术创作，实现了中国企业海外集体形象建设的一次成功尝试。"

3. 邀请国际师生感受中国传统文化

2015 年 5 月 25 日，新闻中心、北京市国资委共同举办了"走进新国企 · 国际师生感受中国传统工艺美术魅力"。来自韩国科技大学、以色列理工大学、印度比尔拉理工和科学学院、美国南加州大学，以及北京大学、清华大学等世界多所高校的 50 名师生深入走访了北京工美聚艺文化创意产业园，通过参观、座谈，增进了对中国传统文化的了解。

4. 增进了解，助力"一带一路"倡议

2016 年 3 月，新闻中心与外交部新闻司合作，组织来华参加“中非新闻交流中心”项目、“南亚记者新闻交流项目”的非洲27国、南亚5国媒体记者代表团（以下简称“代表团”），参访与非洲、南亚具有良好经贸合作往来的代表性企业和项目。代表团一行分别参访了中国中铁、保利集团、中国铁建和中国国电四家企业，深入介绍了央企参与南亚、非洲国家基础设施建设，新能源、节能环保等领域的有关情况，以及参与“一带一路”建设、推进中国与南亚、中非产能合作的举措成效。进一步了解国有企业和国资委，学习我国国企治理结构、监管经验和做法。2016年7月20日上午，国务院国资委副秘书长彭华岗与代表团一行进行了座谈交流，介绍了中国国有企业的基本情况和改革历程，以及当前深化国企改革的原则和重要措施，并就国资委与地方国资监管机构的关系、对国企职工利益的保护以及国有企业与其他所有制企业公平竞争等问题进行了深入交流。代表团的媒体在当地具有很强的影响力、传播力和话语权，这些媒体负责人或资深记者对于影响当地正确认知国企有着重要作用。此次活动，让他们直观了解了中国国企的真实情况，明白了国企对当地发展做出的实质贡献，有利于增进互利互赢、唇齿相依的合作关系。

5. 相约“中国尊”，见证中巴友谊

2017年7月4日，新闻中心联合外交部新闻司策划开展了“走进新国企”之“砥砺奋进新国企·中巴友谊篇”，来自巴拿马的记者团一行10人参访了中国建筑承建的北京第一高楼——“中国尊”项目，这是中巴两国正式建交20天后的一次重要文化交流活动。当天，巴拿马记者团观看了中国建筑和“中国尊”

项目的宣传片，了解了“中国尊”项目的基本情况以及中国建筑在国内外的卓越建树，惊叹于中国在重大工程项目、重大科技创新等方面取得的丰硕成果。记者团成员纷纷表示，参观“中国尊”项目感到很震撼，要把在中国的所见所闻带回去、传播出去，让更多的巴拿马人民了解中国，促进两国人民的交往。

三、沟通创造价值，理解促进共赢

“走进央企”“走进新国企”是讲好国企故事、传播好国企声音，沟通社会各界和国企、政府关系的桥梁。活动坚持主动发声，通过与各企业生动、直观、深入地“零距离”互动与交流，坚定了公众支持国企、政府的决心和信心。

（一）沟通互动，打造“透明”国企

带动企业与公众在“改革发展、企业管理、安全生产、环境污染、产品质量”等热点焦点问题上，进行深入有效地沟通互动，将增信释疑的舆论通过媒体放大和立体传播，以真实性、权威性、透明度赢得公众信任。南开大学教授何自力给新闻中心同志发来短信：“国资委新闻中心做的每件事情都非常有意义，你们让国有企业的美好形象走向世界，你们让人民从国有企业身上看到国家的希望和美好的未来！”专家梁军说：“敢于表达，善于表达，也是非常重要的一环。唯唯诺诺的民族永远不会成为世界的焦点。”在走进长安汽车公司的活动现场时，很多媒体记者表示：“看到了真实的央企情况，与社会上流传的相差很大，央企的地位举足轻

重，央企的职工艰苦奉献，而我们以前却了解得太少了。”

（二）理论研究，观点有理有据

活动通过邀请专家深入开展有关国企国资的理论研究，形成系统的、有说服力的理论和易于被公众接受的观点，阐明了国企国资的意义和价值，阐明了推进国有企业改革发展的紧迫性，阐明了发展壮大国有经济的必要性。通过专家、学者的第三方口吻，深入浅出地帮助公众了解、信任、支持国企。在走进长安汽车公司的现场时，清华大学国情研究院院长胡鞍钢说：“长安汽车实现了引进、消化到自主创新的跨越，是中国道路、中国工业化道路，以及自主创新道路的一个代表和缩影。长安之路，帮助我们增强了创新自信和奋斗自觉。”

（三）拉近距离，引发情感共鸣

通过多种传播，拉近国企与公众的距离，引发公众情感共鸣，争取社会各界对国企的认可传播。“走进央企——绿色宝钢湛江行”活动，用普通员工的故事诠释了宝钢恪守道德的真诚本质，自觉回馈社会、反哺自然的友爱情怀和以智慧推动科技进步的创造力，宝钢现场承诺跟湛江市民一起打造一个绿色的宝钢，得到媒体和公众的一致认可。“感受科技的力量——中国航天科工集团民用产品应用”活动，展示了高层楼宇导弹灭火系统、防伪税控系统、智能身份证等与公众息息相关的科技产品，很多网友跟帖反映：“原来央企离我们这么近，银行卡、港澳通行证、税务机，它们用科技在方便、智慧着我们的生活。”

真正去企业切身体验及采访完后，很多专家和媒体记者发现做不做沟通，效果大不一样，他们表示，研究、报道国企问题，最需要到企业实地了解调研。看完以后，拿到一手的材料，有了一线的感受，特别是了解了国企干部职工的“以报国为己任、以落后为耻辱、以奋斗为快乐”的精神状态后，大家都很感慨，认为这种正能量是当前社会宝贵的精神财富。一些学者表示：“过去到民企和外企看得多，这次到国企看后感觉很不一样，对一些争议性话题有了新认识”，“有影响力的宣传一定是建立在扎实的理论研究基础上的”，“目前很多学者不了解现在的国情，通过走进央企，发现央企发生了翻天覆地的变化，国际化水平和管理水平等各方面的实际水平。”还有学者说：“听了看了之后，感觉眼睛一亮、心头一震，很提气。”通过调研，许多专家学者不仅了解了真实的央企情况，而且增强了为国企说话的信心和决心。中央党校教授辛鸣说：“国企发展事关中国道路与中国道理，‘走进央企’就是要向社会展示中国道路与中国道理。”

沟通创造价值，理解促进共赢。通过坦诚沟通，积极传播，新闻中心的“走进央企”“走进新国企”向社会公众打开了认识国企的一扇门，架起了互动沟通的一座桥，展示了责任国企、创新国企、活力国企、阳光国企的形象。越来越多的人通过活动走进国企，了解国企，理解国企，支持国企做强做优做大，改善了国企与政府、国企与公众的公共关系。

中国道路丛书

学　术

《解放生命》

《谁是农民》

《香港社会的民主与管治》

《香港社会的政制改革》

《香港人的政治心态》

《币缘论》

《如何认识当代中国》

《俄罗斯之路 30 年》

《大国新路》

《论企业形象》

译　丛

《西方如何“营销”民主》

《走向繁荣的新长征》

《国家发展进程中的国企角色》

《美国社会经济五个基本问题》

《资本与共谋》

《国家发展动力》

智库报告 | 《新时代：中国道路的延伸与使命》
《新开局：中国制度的变革与巩固》
《新常态：全面深化改革的战略布局》
《新模式：走向共享共治的多元治理》
《新征程：迈向现代化的国家治理》
《新动能：再造国家治理能力》

企业史 | 《与改革开放同行》
《黎明与宝钢之路》

企业经营 | 《寻路征途》
《中信创造力》

专访 | 《中国道路与中国学派》
《21 世纪的中国与非洲》

人物 | 《重读毛泽东，从 1893 到 1949》
政治 | 《创新中国集体领导体制》
战略 | 《国家创新战略与企业家精神》
金融 | 《新时代下的中国金融使命》

管理 | 《中国与西方的管理学比较》